ELENA GODOY
LUZIA SCHALKOSKI DIAS

SÉRIE LÍNGUA PORTUGUESA EM FOCO

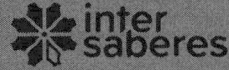

Psicolinguística em foco:

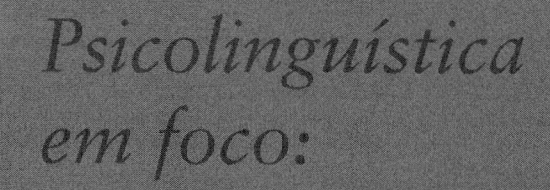

linguagem – aquisição e aprendizagem

Rua Clara Vendramin, 58 • Mossunguê • CEP 81200-170 • Curitiba • PR • Brasil
Fone: (41) 2106-4170 • www.intersaberes.com • editora@intersaberes.com

Dr. Alexandre Coutinho Pagliarini; Drª. Elena Godoy; Dr. Neri dos Santos e Mª. Maria Lúcia Prado Sabatella • conselho editorial

Lindsay Azambuja • editora-chefe

Ariadne Nunes Wenger • gerente editorial

Daniela Viroli Pereira Pinto • assistente editorial

Monique Francis Fagundes Gonçalves • edição de texto

Luana Machado Amaro • design de capa

ArtKio e marekuliasz/Shutterstock • imagens de capa

Raphael Bernadelli • projeto gráfico

Regina Claudia Cruz Prestes • iconografia

Dados Internacionais de Catalogação na Publicação (CIP)
(Câmara Brasileira do Livro, SP, Brasil)

Godoy, Elena
    Psicolinguística em foco : linguagem, aquisição e aprendizagem / Elena Godoy, Luzia Schalkoski Dias. -- 2. ed. -- Curitiba, PR : InterSaberes, 2024. -- (Série língua portuguesa em foco)

    Bibliografia.
    ISBN 978-85-227-0904-5

    1. Aprendizagem 2. Linguagem – Aquisição 3. Psicolinguística I. Dias, Luzia Schalkoski. II. Título. III. Série.

23-181455   CDD-401.9

Índices para catálogo sistemático:
1. Psicolinguística   401.9

    Eliane de Freitas Leite – Bibliotecária – CRB 8/8415

1ª edição, 2014.
2ª edição, 2024.

Foi feito o depósito legal.

Informamos que é de inteira responsabilidade das autoras a emissão de conceitos.

Nenhuma parte desta publicação poderá ser reproduzida por qualquer meio ou forma sem a prévia autorização da Editora InterSaberes.

A violação dos direitos autorais é crime estabelecido na Lei n. 9.610/1998 e punido pelo art. 184 do Código Penal.

sumário

apresentação, vii

organização didático-pedagógica, x

um   psicolinguística: objeto, história, métodos e fundamentos neurofisiológicos da linguagem, 13

dois   aquisição da linguagem, 39

três   dificuldades na aquisição, 79

quatro   desenvolvimento da leitura e da escrita em língua materna, 101

cinco   aprendizagem de segundas línguas, 127

seis   estratégias de aprendizagem de idiomas, 167

considerações finais, 191

glossário, 193

referências, 197

bibliografia comentada, 207

respostas, 213

sobre as autoras, 215

apresentação

❰A ATIVIDADE VERBAL está tão presente em nossa vida, é tão natural que não temos consciência de como são e como funcionam as línguas, como as aprendemos, como e por que compreendemos os outros (ou não), como fazemos para sermos compreendidos. Essas são as tarefas das ciências da linguagem. A linguagem desempenha um papel central em todos os aspectos das atividades humanas, na interação, no conhecimento e no pensamento e, assim, nos faz humanos como espécie e como indivíduos. Depois de termos aprendido alguma língua, podemos usá-la para dizer qualquer coisa, desde que saibamos o assunto sobre o qual estamos falando ou escrevendo. E, para saber sobre qualquer assunto, precisamos da linguagem.

Este livro foi concebido e escrito para ser uma ferramenta para estudantes e profissionais das áreas que tenham interesse na linguagem humana, no desenvolvimento da fala, da escrita e do conhecimento linguístico em crianças (ensino de línguas – a materna e as estrangeiras –, pedagogia, psicopedagogia e clínica da linguagem). Portanto, o nosso foco especial é na psicolinguística desenvolvimental, que se ocupa da aquisição de língua materna (normal e atípica) e de segundas línguas.

Os três primeiros capítulos são de caráter descritivo. No Capítulo 1, tratamos da natureza desta disciplina eclética que é a psicolinguística e dos objetos por ela estudados. Em seguida nos detemos na metodologia usada nos estudos psicolinguísticos. Por fim, descrevemos resumidamente as bases biológicas das quais a nossa espécie dispõe para que a linguagem possa existir e para que possamos usá-la na atividade verbal e no pensamento.

O Capítulo 2 é dedicado à aquisição da linguagem. Oferecemos uma breve descrição das etapas da aquisição da língua materna, das características da fala dos adultos dirigida a crianças e das perspectivas teóricas que buscam explicar o fenômeno da aquisição.

No Capítulo 3, tratamos das patologias da linguagem mais frequentes, estando esse tema inserido numa área de pesquisa psicolinguística que funciona em contato direto com a neuropsicologia cognitiva.

Os Capítulos 4, 5 e 6 conjugam aspectos teóricos e práticos, sendo, portanto, de natureza mais aplicada.

No Capítulo 4, analisamos os processos da leitura e da escrita. Nele descrevemos as características da linguagem falada e a escrita, os limites entre essas modalidades, a metodologia do ensino da leitura e da escrita e as dificuldades que podem surgir.

No **Capítulo 5** nos debruçamos sobre a aprendizagem de segundas línguas ou línguas estrangeiras. Começando pela discussão do fenômeno do bilinguismo, passamos às abordagens teóricas referentes ao ensino-aprendizagem de línguas estrangeiras. Por último, discutimos os fatores de várias naturezas que influenciam nesse processo.

O **Capítulo 6** trata das estratégias da aprendizagem de línguas com base na discussão do conceito de estratégias. Apresentamos também os tipos de estratégias, argumentamos a favor do ensino do uso dessas estratégias e por fim nos dedicamos ao ensino desse recurso para a aprendizagem do vocabulário, por considerá-lo um dos elementos essenciais na apropriação de uma língua estrangeira, já que é, sobretudo, por meio das palavras que nos expressamos, falamos das coisas do mundo, de nossas percepções e de nossos sentimentos.

O conjunto de temas explorados ao longo dos seis capítulos possibilita a você familiarizar-se com conceitos importantes da área da psicolinguística e, ao mesmo tempo, ter uma ampla visão do alcance dos estudos psicolinguísticos aplicados ao ensino e aprendizagem de línguas não maternas.

organização didático-pedagógica

Esta seção tem a finalidade de apresentar os recursos de aprendizagem utilizados no decorrer da obra, de modo a evidenciar quais aspectos didático-pedagógicos nortearam o planejamento do material e como o leitor pode tirar o melhor proveito dos conteúdos para seu aprendizado.

Introdução do capítulo
Logo na abertura do capítulo, você é informado a respeito dos conteúdos que nele serão abordados, bem como dos objetivos que as autoras pretendem alcançar.

Importante!
Algumas das informações mais importantes da obra aparecem nestes boxes. Aproveite para fazer sua própria reflexão sobre os conteúdos apresentados.

Questões para reflexão

Nesta seção, a proposta é levá-lo a refletir criticamente sobre alguns assuntos e trocar ideias e experiências com seus pares.

Síntese

Você conta, nesta seção, com um recurso que o instigará a fazer uma reflexão sobre os conteúdos estudados, de modo a contribuir para que as conclusões a que você chegou sejam reafirmadas ou redefinidas.

Indicações culturais

Ao final do capítulo, o autor oferece algumas indicações de livros, filmes ou sites que podem ajudá-lo a refletir sobre os conteúdos estudados e permitir o aprofundamento em seu processo de aprendizagem.

Atividades de autoavaliação

Com estas questões objetivas, você mesmo tem a oportunidade de verificar o grau de assimilação dos conceitos examinados, motivando-se a progredir em seus estudos e a preparar-se para outras atividades avaliativas.

Atividades de aprendizagem

Aqui você dispõe de questões cujo objetivo é levá-lo a analisar criticamente um determinado assunto e integrar conhecimentos teóricos e práticos.

Bibliografia comentada

Nesta seção, você encontra comentários acerca de algumas obras de referência para o estudo dos temas examinados.

um psicolinguística: objeto, história, métodos e fundamentos neurofisiológicos da linguagem

dois   aquisição da linguagem
três   dificuldades na aquisição
quatro desenvolvimento da leitura e da escrita em língua materna
cinco   aprendizagem de segundas línguas
seis   estratégias de aprendizagem de idiomas

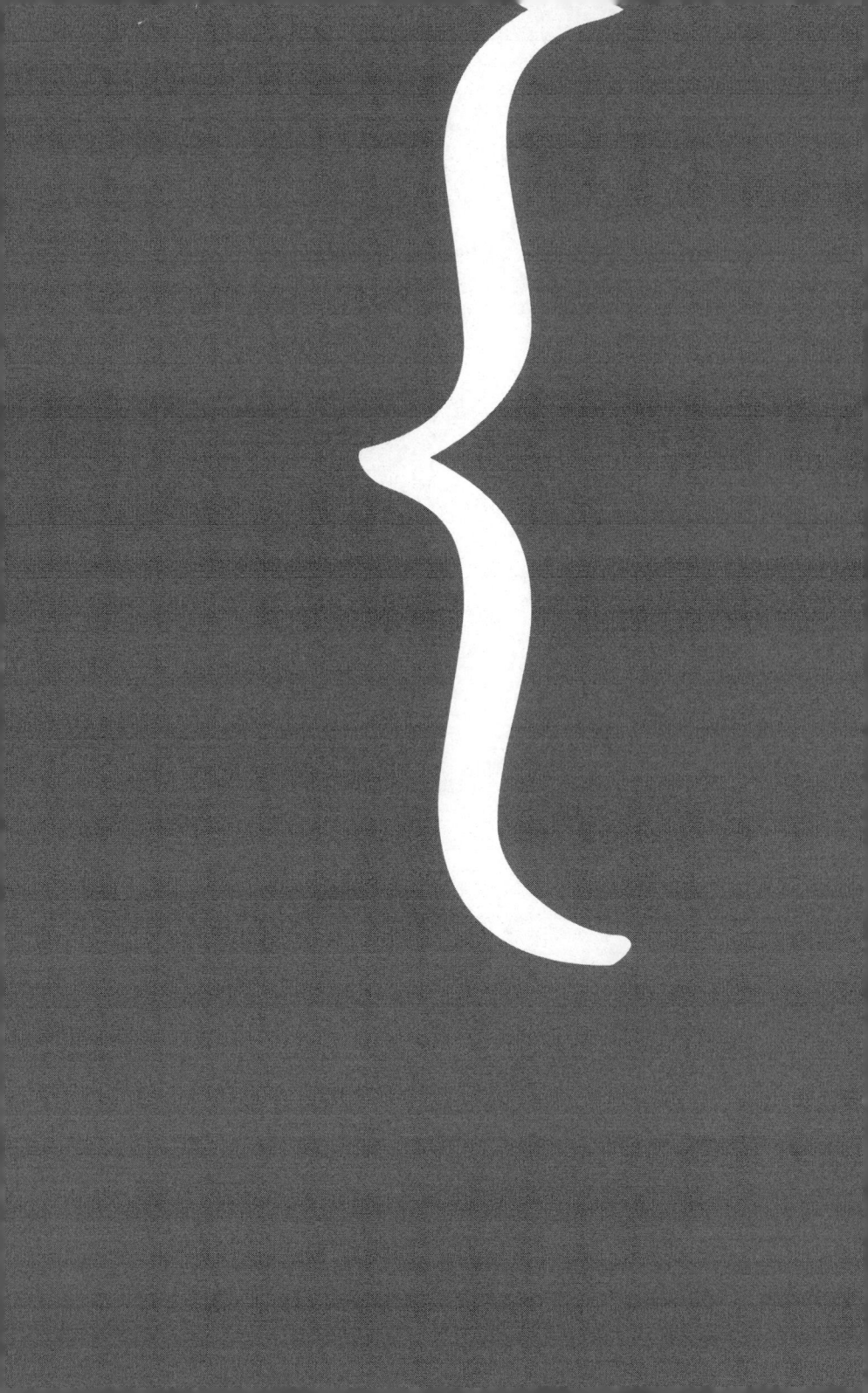

❰ NESTE CAPÍTULO, VAMOS apresentar a disciplina de psicolinguística, ciência que integra várias disciplinas que estudam os mecanismos e processos da atividade verbal humana. Começaremos nossa caminhada definindo a disciplina e o objeto de suas pesquisas, bem como os métodos que a psicolinguística utiliza para alcançar seus objetivos. Depois, traçaremos um breve histórico dessa ciência. Por fim, as bases biológicas específicas das quais a espécie humana dispõe para a linguagem e a atividade verbal também serão apresentadas resumidamente. Com o tratamento dos temas propostos, pretendemos familiarizar você, leitor, com a natureza dessa disciplina.

umpontoum
O que é psicolinguística?

A mente e a linguagem humanas vêm despertando a curiosidade de grandes pensadores ao longo da história do homem. No entanto, com a grande revolução científica experimentada pelas ciências humanas, sobretudo nas últimas cinco décadas, esses dois objetos – mente e linguagem – passaram a receber especial atenção nas pesquisas.

Como mencionado em Godoy e Senna (2011), ainda hoje pouco se sabe sobre o percurso da evolução biológica da espécie humana que levou ao surgimento e desenvolvimento da linguagem. Porém, não resta dúvida de que os impactos desse fato são muito profundos, uma vez que a linguagem desempenha o papel primordial na evolução cultural e tecnológica da humanidade, sendo intrinsecamente uma manifestação biológica e social ao mesmo tempo. Podemos afirmar que é a linguagem que temos que nos torna seres humanos. Isso não significa que os animais não tenham uma linguagem e uma comunicação sofisticadas.

Em 1967, o naturalista Desmond Morris escreveu um livro intitulado O *macaco nu*. Esse livro, destinado ao grande público, pretendia mostrar que os humanos são uma espécie do grupo dos primatas e que, para um observador imparcial, a principal diferença em relação aos outros primatas é a visível ausência de pelo. No entanto, se não nos ativermos aos aspectos meramente anatômicos ou epidérmicos, parece preferível descrever o primata humano como um **macaco falante**. Naturalmente, poderíamos estabelecer outras características que nos diferenciam dos nossos parentes biológicos mais próximos, como o fato de sermos mais racionais que os macacos e, além disso, de sermos capazes de idealizar, fabricar e usar artefatos culturais. O problema é que não existe uma medida específica da inteligência; a noção de racionalidade é bastante confusa e os chimpanzés e os macacos japoneses demonstraram a capacidade de construção e transmissão de artefatos. Contudo, apesar de todas as habilidades comunicativas que os primatas não humanos e outros animais alcançam, suas capacidades linguísticas não chegam perto das dos seres humanos.

Todas as culturas humanas conhecidas na atualidade e também em outras épocas exibem alguma forma de linguagem articulada. Além disso, todas as línguas humanas são igualmente sofisticadas, de maneira que não podemos falar de línguas "mais primitivas" ou "mais avançadas".

> Apesar de todas as habilidades comunicativas que os primatas não humanos e outros animais alcançam, suas capacidades linguísticas não chegam perto das dos seres humanos.

Esses fatos e outros que veremos adiante sugerem que a linguagem é uma característica biológica específica da nossa espécie. Nessa perspectiva, estudiosos como Pinker (2004) consideram que a linguagem é mais um "instinto" (como a ecolocalização de golfinhos ou a habilidade tecedora de aranhas) que uma invenção cultural (como a roda ou a escrita), enquanto outros autores, como Tomasello (2008), com base em pesquisas feitas com primatas e também com crianças pequenas, defendem a ideia de que a origem da linguagem é precisamente cultural.

Com relação à psicolinguística, esta tem sido definida como "o estudo das conexões entre a linguagem e a mente" (Trask, 2004, p. 243). Essa definição – bastante abrangente – é indicativa de um campo de estudo amplo e diversificado. De modo mais específico, considera-se que a psicolinguística é uma ciência encarregada do estudo dos "processos mentais envolvidos na aquisição, na produção e na compreensão da linguagem" pelos seres humanos (Altmann, 2006, p. 258). Além desses três aspectos, Anula Rebollo (2002) acrescenta que também interessa à psicolinguística o estudo de casos de perda da linguagem.

> A psicolinguística é uma ciência encarregada do estudo dos "processos mentais envolvidos na aquisição, na produção e na compreensão da linguagem" pelos seres humanos (Altmann, 2006, p. 258).

No que diz respeito à sua origem, o nascimento da ciência psicolinguística nos anos 50 do século XX está intimamente ligado a uma tendência geral de aparecimento de novas ciências a partir de fusões entre algumas já existentes. Com efeito, a psicolinguística surge com a necessidade de se oferecerem bases e explicações teóricas a várias tarefas práticas, para as quais as abordagens puramente linguísticas se mostraram insuficientes por focarem a estrutura das línguas e a análise textual, excluindo de sua investigação o sujeito falante. Essas tarefas práticas incluem o ensino da língua materna e das línguas estrangeiras, os problemas específicos da fonoaudiologia, a recuperação da fala após traumas e acidentes cerebrovasculares, a psicologia legal e a criminologia, a tradução automática e a criação da inteligência artificial.

> **Importante!**
>
> A psicolinguística não é a simples soma da psicologia com a linguística; trata-se de uma ciência que ultrapassa as fronteiras das duas "ciências-mãe" e busca novas abordagens e metodologias científicas.

umpontodois
Um pouco de história

O desenvolvimento da psicolinguística, como ocorre com tantas outras disciplinas, implica a passagem por diferentes fases. Assim, é consenso entre diversos estudiosos da área que, na história da psicolinguística, podem ser observados **quatro principais períodos**, de acordo com Balieiro Junior (2003):

1. Período da formação – O modelo mecanicista emprestado da Teoria da Informação (Shannon; Weaver, 1949), com noções como fonte, transmissor, canal, receptor, foi amplamente usado pelas pesquisas da década de 1950, com fortes influências da psicologia behaviorista (comportamental) da linguagem e da linguística estruturalista.

2. Período linguístico – Com o predomínio da influência da gramática gerativa de Noam Chomsky, as regras de geração de sentenças dessa gramática – com *status* de modelo

descritivo da linguagem – eram entendidas também como um modelo funcional que pode ser verificado pela experimentação psicológica. A busca de confirmação desse modelo alavancou os estudos de aquisição da linguagem, abrindo, assim, um novo campo de pesquisa.

3. **Período cognitivo** – É caracterizado pelas críticas das abordagens anteriores, pela forte atenção à semântica e pelo estudo de falantes reais em contextos também reais, sem a formulação de teorias altamente formalizadas (ocorre uma ampliação da psicolinguística com base nas contribuições de psicólogos e filósofos da linguagem).

4. **Período atual** – Trata-se do desenvolvimento da psicolinguística como ciência interdisciplinar que envolve várias tendências teóricas – a questão da realidade psicológica mantém-se em lugar de destaque na teoria psicolinguística, que busca pesquisar aspectos como a natureza do conhecimento e a forma como as representações mentais se estruturam e se articulam com esse conhecimento.

Atualmente, podemos considerar que várias disciplinas convergem para o mesmo objeto de estudo e mantêm uma estreita relação com a psicolinguística. A **linguística**, que é a ciência da linguagem, se divide em várias áreas que tratam dos aspectos mais específicos da linguagem: fonética, sintaxe, semântica, pragmática, análise do discurso etc.

> Em termos muito gerais, o objeto da linguística é a análise dos elementos formais que constituem a linguagem humana e as línguas naturais concretas e das regras e/ou princípios que regem as relações entre esses elementos.

A psicolinguística, por sua vez, está interessada no estudo dos processos cognitivos que possibilitam a compreensão e produção da linguagem. Assim, dispor de um bom conhecimento descritivo sobre a estrutura e as regras de funcionamento de uma língua pode proporcionar um ponto de partida muito útil e até mesmo sugerir hipóteses sobre as estratégias que os falantes usam nos correspondentes níveis de processamento. No entanto, os conhecimentos linguísticos geralmente não são suficientes para explicar como a linguagem é processada. A linguística nada diz a respeito das características funcionais do sistema cognitivo que executa o processamento da linguagem nem sobre os mecanismos e estratégias usados nesses processos.

> Uma importante particularidade do processamento da linguagem é a de que podemos ser conscientes do significado da mensagem verbal que entendemos ou produzimos, mas não temos consciência dos mecanismos que aplicamos no reconhecimento de palavras, no acesso lexical, no processamento morfossintático etc.

Como apontam Godoy e Senna (2011), os problemas de interesse da psicolinguística atualmente abrangem aspectos como:

- diferenças de percepção e compreensão da fala oral e da escrita;
- o papel do contexto no processamento da fala;
- os processos de obtenção dos vários tipos de conhecimento;
- os níveis de representação do discurso na memória;
- a construção dos modelos mentais do conteúdo textual;
- o processamento do discurso;
- a aquisição da linguagem e das línguas particulares por crianças e adultos;
- a produção da fala, considerando-se os diferentes níveis de sua geração; e
- os problemas neuropsicológicos da linguagem.

Além disso, publicações mais recentes sinalizam a necessidade de inclusão, no quadro dos problemas abordados pela psicolinguística, de temas como a **comunicação intercultural**, entre outros. Com essa diversidade de assuntos, é natural que se façam interseções e até mesmo superposições dos problemas que tradicionalmente pertencem à psicologia cognitiva, à linguística, ao campo da inteligência artificial e à pragmática.

Com todas essas possibilidades de abordagem, a psicolinguística está se tornando mais **eclética**. Embora o estudo do processamento de sentenças como unidades da linguagem continue bastante popular entre os psicolinguistas, nas últimas décadas o foco foi transferido para os estudos do discurso que permitem interligar as pesquisas da linguagem que acontece em situações reais com os estudos sobre o processamento sintático e lexical. Também a pragmática – que, entre outros assuntos, estuda como as regras sociais e os mecanismos cognitivos regem o uso da linguagem e fazem com que a fala e a escrita (e sua interpretação) mudem com a situação e com as habilidades linguísticas dos interlocutores – tem atraído o interesse de psicolinguistas.

umpontotrês
Metodologia da psicolinguística

Na psicolinguística, diferentemente de outras disciplinas que estudam a linguagem, há o requisito de que as hipóteses e conclusões produzidas no âmbito de suas investigações sejam contrastadas sistematicamente com os dados de observações, experimentos e/ou simulações cuidadosamente controlados. Por isso, são utilizados três tipos de métodos de pesquisa psicolinguística: o método observacional, o método experimental e a simulação cognitiva.

O **método observacional** consiste na observação do comportamento linguístico em diferentes atividades verbais de compreensão e produção da fala em situações comunicativas contextualizadas. São feitas gravações ocultas das conversas (o *corpus*) sem que os participantes tenham sido avisados do fato. Além disso, por questões éticas, os nomes dos envolvidos são omitidos.

> As neurociências em geral e a neuropsicologia especificamente se apoiam nos importantes avanços tecnológicos, como as técnicas de neuroimagem, que permitem estudar a atividade cerebral implícita na linguagem.

O uso do método experimental pressupõe a existência prévia de alguma hipótese sobre o fenômeno linguístico de interesse, deduzindo-se o tipo de consequências empíricas que a hipótese prediz. Com base nessas previsões e deduções, são feitos os experimentos que provam ou negam a realidade empírica ou a validade explicativa da hipótese. Com base na suposição do método experimental de que apenas a observação e descrição dos fenômenos do comportamento linguístico são insuficientes, os experimentos se definem como situações artificiais de observação, nas quais são controladas as diferentes variáveis importantes para o experimento. Nos estudos da produção da linguagem, é mais difícil realizar experimentos em razão do fato de que o início do processo sempre pertence ao sujeito e não ao experimentador. Por isso, não há como manipular as ideias, as intenções e os conhecimentos a partir dos quais o sujeito produz a fala ou a escrita.

A simulação cognitiva é o terceiro método de pesquisa do comportamento verbal. Tal como a psicologia cognitiva, a psicolinguística se baseia na suposição de que as funções da linguagem possam ser descritas como se fossem programas de computador, ou seja, em termos de representações simbólicas e regras computacionais aplicadas a esses símbolos.

Essa proximidade com as ciências da computação permite aos psicolinguistas desenvolver simulações de compreensão e produção da linguagem. No entanto, diferentemente dos programas de inteligência artificial, nas simulações psicolinguísticas interessa não apenas que o computador seja capaz de executar uma tarefa com eficácia, mas também que essa tarefa seja executada da mesma maneira como fazem os seres humanos. Assim, o programador precisa ter à disposição um modelo da atuação humana para elaborar o programa. Se o programa reproduz a execução da tarefa feita por humanos (seus padrões de resposta, tipos de erros etc.), o modelo pode ser considerado validado. Caso contrário, o modelo e, consequentemente, o programa são modificados até que os dados coincidam (Cuetos, 1999).

A pesquisa psicolinguística se concentra em **três grupos de sujeitos** para compreender os processos linguísticos envolvidos no comportamento verbal:

1. Adultos com a competência em uma ou mais línguas – Nesse caso, são investigados os processos de compreensão e produção da fala, tanto em sua forma oral como na escrita.
2. Crianças em processo de aquisição da linguagem – A maneira como uma criança adquire a linguagem pode proporcionar muita informação sobre o funcionamento do sistema de processamento linguístico, porque, para chegar a ter o sistema completo, a criança precisa ir desenvolvendo os diferentes componentes que o integram.
3. Crianças e adultos com transtornos do comportamento verbal – As pesquisas sobre a linguagem desse tipo de sujeitos visam a descobrir os mecanismos cognitivos que nos permitem usar a linguagem.

umpontoquatro
Fundamentos biológicos da linguagem humana

Para iniciarmos este tópico sobre os fundamentos biológicos da linguagem humana, convidamos você, leitor, a refletir sobre a seguinte questão:

> Por que o ser humano é o único capaz de aprender a falar alguma língua humana?

Para aprofundarmos a compreensão dessa questão, o primeiro passo é levarmos em consideração que a linguagem é uma faculdade psicológica que se sustenta em um suporte biológico. A atividade verbal depende do funcionamento de uma série de sistemas neurofisiológicos altamente especializados para sua realização, sendo o mais importante de todos o **sistema nervoso central**, formado pelo cérebro, pelo tronco do encéfalo e pela medula espinhal. Esse sistema, juntamente com o **sistema nervoso periférico** (um conjunto de nervos que conecta o sistema nervoso central com o resto do corpo), participa da recepção e da produção da fala. Dessas atividades verbais participam outros sistemas, os quais recebem o nome de *órgãos periféricos de produção e recepção*. Os sistemas participantes da produção são o

A linguagem é uma faculdade psicológica que se sustenta em um suporte biológico.

fonoarticulatório, que usamos para falar, e o manudigital, que nos permite escrever. Para a recepção da fala, usamos os ouvidos e os olhos.

Entre seus órgãos periféricos de produção de fala, o ser humano dispõe de um chamado *aparelho fonador* que não compartilha com nenhum outro animal de espécies próximas, embora todos os ossos, músculos e tecidos brandos tenham paralelos com os dos primatas superiores.

As especificidades da evolução da arquitetura do crânio e da mandíbula humanos modificaram a anatomia facial, principalmente no que se refere às bochechas e à sua relação com o tamanho da boca. Assim, graças ao músculo das bochechas chamado *bucinador* e aos músculos labiais, podemos articular sons oclusivos como [p] e [b]. Como os nossos dentes caninos têm praticamente o mesmo tamanho dos outros dentes, podemos articular sons fricativos como [f] e [v]. A nossa epiglote é muito mais baixa que em outros primatas e não toca no palato mole, fazendo com que o ar que expiramos não precise sair obrigatoriamente pelo nariz; assim, os sons das vogais não são obrigatoriamente nasais. Essas são apenas algumas características da nossa anatomia facial que permitem a fala articulada. Entretanto não devemos pensar que essas peculiaridades anatômicas humanas sejam determinantes. Por um lado, conhecemos algumas espécies de pássaros, como papagaios, que, não possuindo nossa anatomia craniana, são capazes de pronunciar sequências bastante longas de enunciados linguísticos com notável perfeição. Por outro lado, certas deformações dos órgãos fonadores, como o lábio leporino, não impedem seus portadores de falarem.

Voltemos ao sistema nervoso central, agora para destacar o papel desempenhado pelo cérebro na produção, recepção e processamento da linguagem, pois ele é o principal responsável pela comunicação verbal do ser humano.

FIGURA 1.1 – O CENTRO DA LINGUAGEM

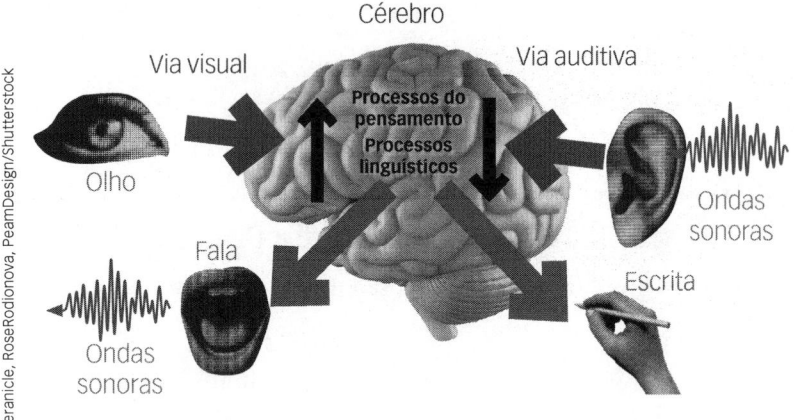

FONTE: Elaborado com base em Garman, citado por Anula Rebollo, 2002, p. 20.

O cérebro humano é muito maior e mais pesado que o cérebro dos primatas e, além disso, tem as circunvoluções mais profundas. No entanto, tais diferenças por si sós não explicam por que o ser humano fala e os macacos não.

1.4.1 A lateralização de funções no cérebro

É fato bastante conhecido que o cérebro humano possui uma estrutura neuroanatômica muito complexa dividida em duas grandes regiões – o hemisfério esquerdo e o hemisfério direito –, as quais são ligadas por uma estrutura conhecida como *corpo* *caloso*. Com base na verificação de que esses hemisférios se especializam em habilidades diferentes, surgiu o conceito de *lateralização funcional*. Quanto à linguagem, as evidências de sua lateralização provêm de estudos de pacientes com afasia*, de testagem de avaliação para neurocirurgia e da observação, por meio de tecnologia de imagem e da ativação cerebral (Rosa, 2010).

Os procedimentos de diagnóstico por imagem e a medição da atividade elétrica no funcionamento cerebral com tomógrafos de ressonância magnética possibilitaram o mapeamento das áreas responsáveis pela linguagem e o entendimento de como estas se relacionam no cérebro. Foi possível detectar que a linguagem não se dá somente em áreas específicas do cérebro, mas também em outras áreas distribuídas tanto no hemisfério esquerdo quanto no direito.

> A linguagem não se dá somente em áreas específicas do cérebro, mas também em outras áreas distribuídas tanto no hemisfério esquerdo quanto no direito.

Outra descoberta feita com o auxílio da tecnologia refere-se à observação de que as áreas subcorticais também são importantes para o processamento da linguagem.

Quando a criança nasce, os hemisférios não são idênticos quanto à sua estrutura, mas provavelmente são idênticos funcionalmente. Na maioria das pessoas adultas, o hemisfério esquerdo

---

* De acordo com Houaiss e Villar (2009), *afasia* é o "enfraquecimento ou perda do poder de captação, de manipulação e por vezes de expressão de palavras como símbolos de pensamentos, em virtude de lesões em alguns centros cerebrais e não devido a defeito no mecanismo auditivo ou fonador; logastenia".

é o dominante para as funções da linguagem, embora o direito também tenha uma participação muito importante, como ilustra o Quadro 1.1.

QUADRO 1.1 – RELAÇÃO ENTRE A LINGUAGEM E OS HEMISFÉRIOS CEREBRAIS

Função da linguagem	Hemisfério esquerdo	Hemisfério direito
PROSÓDIA		
Ritmo	Domina	
Entonação	Participa	Participa
Timbre	Participa	Participa
SEMÂNTICA		
Significado verbal	Domina	
Formação de conceitos	Participa	Participa
Imagens visuais		Domina
SINTAXE		
Sequenciação	Domina	
Relações entre os elementos	Domina	

FONTE: Carrión, citado por Anula Rebollo, 2002, p. 20.

Conforme Godoy e Senna (2011), há evidências de que o hemisfério esquerdo é mais bem equipado que o direito desde o nascimento para abrigar as funções linguísticas. No entanto, no caso de ocorrer algum traumatismo ou enfermidade nesse hemisfério, o direito pode se encarregar dessas funções, mas a idade do paciente será determinante para o prognóstico.

Em crianças muito novas, mesmo a retirada total do hemisfério esquerdo pode não ser prejudicial para que elas desenvolvam a linguagem normalmente. Porém, com o avanço da idade, ocorre a especialização de cada hemisfério em funções específicas, com diminuição da flexibilidade cerebral, o que pode levar, em certas circunstâncias, a distúrbios sérios da linguagem.

> Em crianças muito novas, mesmo a retirada total do hemisfério esquerdo pode não ser prejudicial para que elas desenvolvam a linguagem normalmente.

Questão para reflexão

Você sabia que o hemisfério esquerdo é o responsável por controlar boa parte do lado direito do nosso corpo e que o hemisfério direito controla parte do lado esquerdo? Assim, será que a lateralização da linguagem do lado esquerdo do cérebro também vale para as pessoas canhotas?

Conforme Rosa (2010), apesar de o hemisfério esquerdo controlar boa parte de nosso lado direito e de o hemisfério direito controlar parte de nosso lado esquerdo do corpo, a aplicação de um teste chamado *Wada* revelou a dominância do hemisfério esquerdo para a linguagem em 70% dos canhotos e 96% dos destros testados. Entre aqueles que tinham dominância manual esquerda, 15% demonstraram dominância bilateral da linguagem, ou seja, o controle da linguagem nesses sujeitos ocorreria nos dois hemisférios.

Síntese

Neste capítulo, vimos que a psicolinguística tem como objetivo a descrição e explicação do funcionamento da linguagem, levando em consideração a complexa interação de múltiplos fatores internos e externos e incluindo em sua perspectiva de investigação o indivíduo nas interações socioculturais. Para tanto, essa disciplina usa três tipos de métodos: o observacional, o experimental e o de simulação cognitiva. Vimos também o percurso histórico da psicolinguística, que começou sua existência como uma fusão da psicologia e da linguística, teve uma forte influência da linguística formal, criticada posteriormente pelos estudiosos das ciências cognitivas, e transformou-se no que é atualmente – uma ciência profundamente interdisciplinar. Por fim, fizemos uma breve "excursão" pela neurobiologia humana necessária para que tenhamos nossa linguagem.

Indicações culturais

Artigo

CASTRO, J. S. A pesquisa em psicolinguística. In: AGUIAR, V. T. de; PEREIRA, V. W. (Org.). Pesquisa em Letras. Porto Alegre: EdiPUCRS, 2007. Disponível em: <http://www.pucrs.br/edipucrs/online/pesquisa/pesquisa/artigo13.html>. Acesso em: 24 jan. 2014.

Se você tiver interesse em conhecer mais sobre as pesquisas que têm sido realizadas na área de psicolinguística, sugerimos o acesso ao site indicado e a leitura do artigo "A pesquisa em psicolinguística", de Joselaine Sebem de Castro.

Filme

A GUERRA do fogo. Direção: Jean-Jacques Annaud. França: 20th Century Fox Film Corporation, 1971. 100 min.

Um filme interessante para se pensar a questão do desenvolvimento da linguagem humana é A guerra do fogo. O filme retrata um período na Pré-História de dois grupos de hominídeos, com diferentes formas de comunicação e hábitos.

Vídeo

A LINGUAGEM humana. 22 dez. 2009. Disponível em: <http://www.youtube.com/watch?v=1pde_AxuMuY>. Acesso em: 24 jan. 2014.

Para ampliar seu conhecimento sobre a neurobiologia envolvida na capacidade linguística humana, recomendamos que reserve um tempinho para assistir ao vídeo indicado.

Atividades de autoavaliação

1. Considerando os temas estudados neste capítulo, analise se as afirmações a seguir são verdadeiras (V) ou falsas (F). Depois, selecione a alternativa que apresenta a sequência correta:

( ) O surgimento da psicolinguística se deve à necessidade de formulação de novas teorias na psicologia.

( ) A psicolinguística estuda o uso das línguas particulares em diferentes condições em razão da ação de fatores internos e externos.

( ) Ao usarmos a linguagem, não temos consciência dos mecanismos que aplicamos para reconhecer palavras, acessar o léxico, construir frases etc.

( ) A psicolinguística pesquisa o comportamento verbal de três grupos de indivíduos: a) adultos que falam fluentemente pelo menos uma língua; b) crianças que estão no processo de aquisição da linguagem; e c) crianças e adultos que têm o comportamento verbal problemático.

a. F, F, V, V.
b. V, V, F, F.
c. V, F, V, F.
d. F, V, F, V.

2. Considerando o suporte biológico da linguagem, assinale a alternativa correta:

a. O órgão responsável pela realização da atividade verbal humana é a boca.
b. As peculiaridades anatômicas do aparato fonador humano determinam a nossa capacidade linguística.

c. A estrutura neuroanatômica muito complexa do cérebro humano explica por que o ser humano tem a capacidade da fala e os macacos não.

d. O músculo bucinador das bochechas e os músculos labiais são responsáveis pela nossa capacidade de articular sons oclusivos e vocálicos.

3. Analise as proposições a seguir sobre as metodologias de pesquisa em psicolinguística e, logo após, selecione a alternativa que apresenta os itens corretos:

I. No método observacional, são feitas gravações ocultas das conversas para se observar o comportamento linguístico de diferentes atividades verbais.

II. O uso do método experimental tem como pré-requisito a existência de alguma hipótese sobre o problema linguístico de interesse.

III. O método experimental parte da suposição de que a observação e descrição do comportamento linguístico são suficientes.

IV. O método da simulação cognitiva se aproxima das ciências da computação utilizando-se da ideia de que as funções da linguagem são passíveis de serem descritas, como se fossem programas computacionais.

a. Somente as proposições I, II e III estão corretas.
b. Somente as proposições I, II e IV estão corretas.
c. Somente as proposições I, III e IV estão corretas.
d. Somente as proposições II, III e IV estão corretas.

4. Quanto à relação entre linguagem e cérebro, assinale a alternativa que apresenta a sequência correta de palavras que preenchem as lacunas do enunciado a seguir:

Considerando a relação que se estabelece entre linguagem e cérebro, temos que, na _____ das pessoas adultas, o hemisfério _____ é o dominante para as funções da linguagem, embora o hemisfério _____ também tenha uma participação _____.

a. minoria – esquerdo – direito – importante.
b. maioria – esquerdo – direito – importante.
c. maioria – direito – esquerdo – importante.
d. maioria – esquerdo – direito – pouco importante.

5. Em relação às funções dos hemisférios cerebrais, assinale a alternativa que apresenta corretamente as palavras que preenchem as lacunas do enunciado a seguir:

Em crianças muito _____, mesmo a retirada total do hemisfério _____ pode não ser prejudicial para que elas desenvolvam a linguagem normalmente. Porém, com o avanço da idade, cada hemisfério se especializa em _____, com _____ da flexibilidade cerebral.

a. velhas – esquerdo – funções específicas – diminuição.
b. novas – direito – funções variadas – diminuição.
c. novas – esquerdo – uma função específica – aumento.
d. novas – esquerdo – funções específicas – diminuição.

Atividades de aprendizagem

Questões para reflexão

1. Tomasello (2003, p. 6, grifos do original) pondera que podem ser identificados três tipos básicos de aprendizagem social:

   aprendizagem por imitação, aprendizagem por instrução e aprendizagem por colaboração. Esses três tipos de aprendizagem cultural tornam-se possíveis devido a uma única e muito especial forma de cognição social, qual seja, a capacidade de cada organismo compreender os coespecíficos como seres iguais a ele, com vidas mentais e intencionais iguais às dele. Essa compreensão permite aos indivíduos imaginarem-se "na pele social" de outra pessoa, de modo que não só aprendem do outro, mas através do outro.

   Considerando a citação e também o exposto neste capítulo, reflita sobre a aprendizagem das línguas.

2. Descreva algumas características da anatomia facial humana que permitem a fala articulada.

Atividade aplicada: prática

1. Realize uma pesquisa na internet sobre a chimpanzé Washoe e o experimento realizado pelo casal que a criou. Depois prepare uma apresentação e socialize os principais resultados desse experimento com seus colegas.

{

um	psicolinguística: objeto, história, métodos e fundamentos neurofisiológicos da linguagem
# dois	**aquisição da linguagem**
três	dificuldades na aquisição
quatro	desenvolvimento da leitura e da escrita em língua materna
cinco	aprendizagem de segundas línguas
seis	estratégias de aprendizagem de idiomas

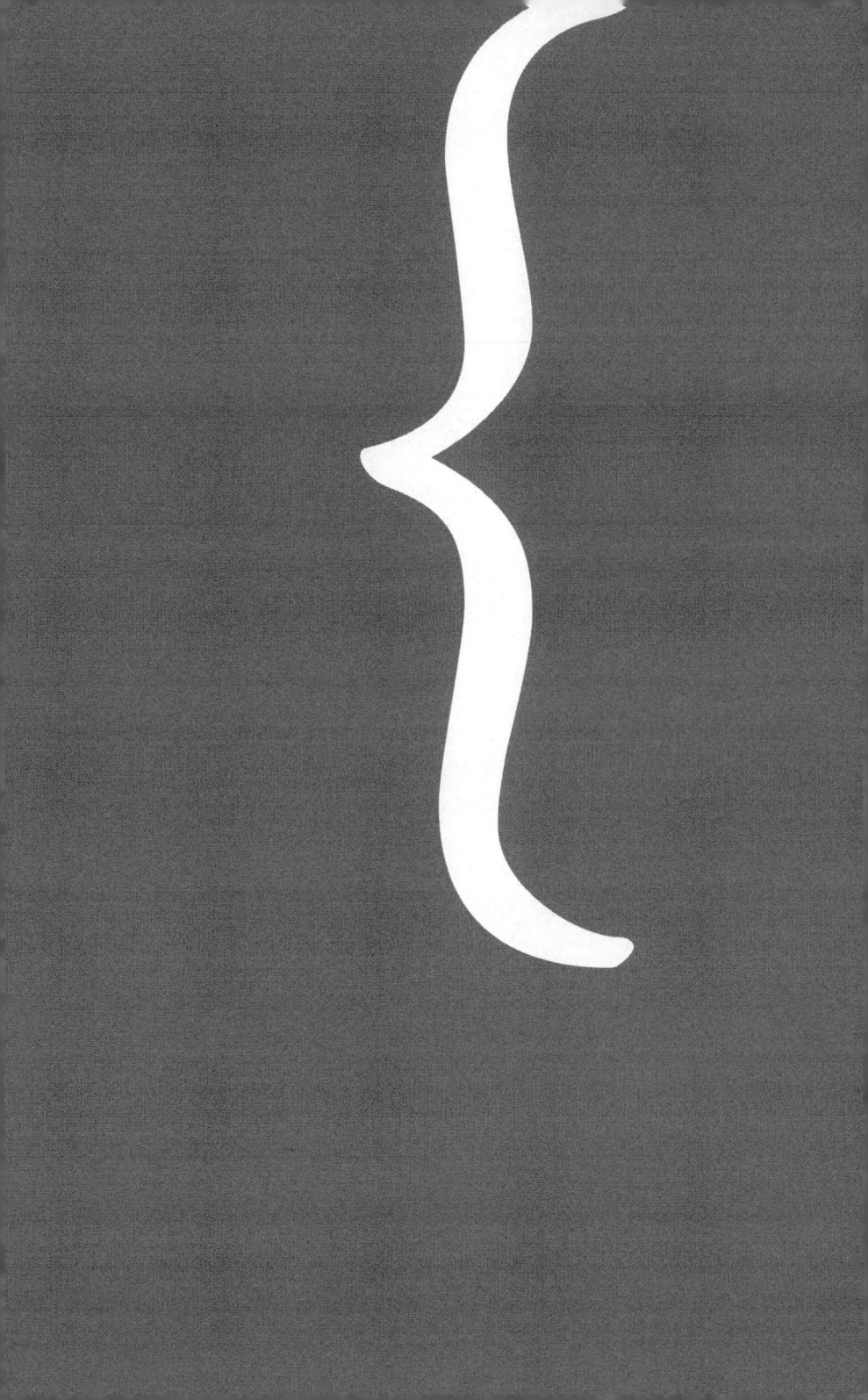

{

❰ NO PRIMEIRO CAPÍTULO, apresentamos os assuntos de interesse da pesquisa psicolinguística. Você deve lembrar que entre esses assuntos está a questão da aquisição da linguagem pela criança. Agora, vamos explorar alguns aspectos relacionados à aquisição e ao desenvolvimento da linguagem durante a infância. Começaremos introduzindo o conceito de aquisição. Em seguida, acompanharemos o caminho do desenvolvimento linguístico que a criança percorre e examinaremos a linguagem dos adultos dirigida à criança. Por fim, trataremos das principais teorias que buscam explicar como a aquisição ocorre e por que, durante um período tão curto, o indivíduo chega ao domínio completo da sua língua materna. O nosso propósito é mostrar que, por meio da linguagem, a criança tem acesso a valores, crenças e regras, adquirindo os conhecimentos de sua cultura. À medida que se desenvolve, ela alcança um nível linguístico e cognitivo mais elevado, enquanto seu campo de socialização se estende.

doispontoum
O caminho da aquisição da língua materna

A capacidade de o ser humano falar e ter na fala uma poderosa ferramenta de ação é, sem dúvida, algo surpreendente! Diríamos que ainda mais extraordinário é o processo da aprendizagem da fala e do modo de usá-la. É realmente espantoso que a criança em poucos anos chegue a dominar sua língua materna (que pode ser uma ou mais). Considerando esse fenômeno maravilhoso, temos que uma das principais tarefas da psicolinguística é compreender e explicar como as crianças aprendem a falar e a entender a língua, o que é um fenômeno muito complexo.

> Uma das principais tarefas da psicolinguística é compreender e explicar como as crianças aprendem a falar e a entender a língua, o que é um fenômeno muito complexo.

As discussões a respeito da natureza do processo de aquisição da linguagem pela criança dividem psicólogos e linguistas. Enquanto para uns ele é "natural", o que significa dizer que seria biologicamente especificado no genoma humano, para outros se trata de um fenômeno "cultural", ou seja, que é aprendido (Godoy; Senna, 2011). No entanto, atualmente a postura mais aceita é que a linguagem humana responde a um "instinto" inato. Isso não quer dizer que alguma língua específica seja inata (por exemplo, as línguas portuguesa, inglesa, chinesa, russa ou outra qualquer). A ideia por trás dessa postura é que a mente humana contém algumas estruturas inatas gerais e muito poderosas para a análise e a aquisição da linguagem.

Independentemente da natureza do processo de aquisição da linguagem, o percurso de tal aquisição apresenta algumas fases definidas, confirmadas pela literatura especializada. A linguagem se desenvolve em todas as crianças normais, obedecendo a sequências cronológicas semelhantes, embora possa haver variabilidade no ritmo de evolução de até seis meses (Peña-Casanova, 1994).

Nas primeiras semanas de vida, a maioria dos bebês, quando não está dormindo, chorando ou mamando, permanece calada.

Figura 2.1 – Sons motivados pelo desconforto (idade de 0-2 meses)

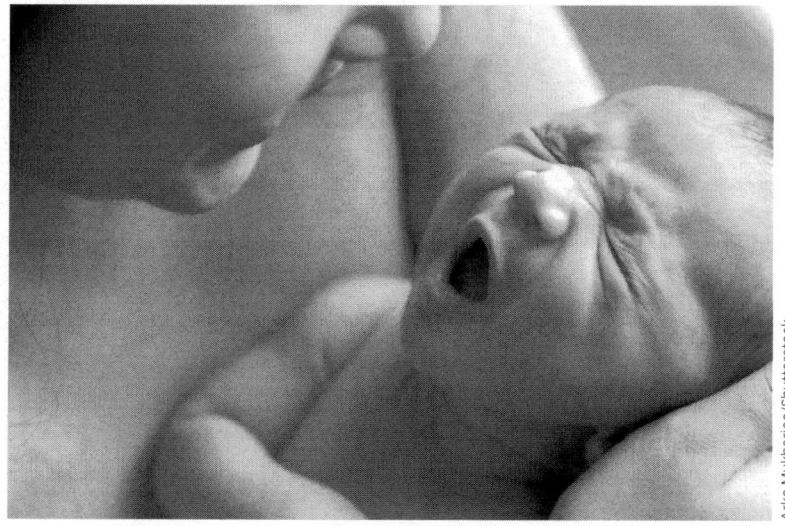

O choro da criança significa que ela está experimentando algum desconforto. Porém, nesse período, o choro e outros sons que o bebê produz são involuntários, ou seja, trata-se de manifestações sonoras condicionadas fisiologicamente, que são chamadas de *reflexivas*. Entretanto, o impressionante é que recém-nascidos de apenas alguns dias (e até algumas horas, como mostraram experimentos recentes) já reconhecem a língua de seus pais, em razão de padrões prosódicos (entonação, ritmo etc.) típicos da língua que ouviram no último trimestre de gestação, mas permanecem indiferentes quando expostos a outras línguas. Isso explica por que, quando se fala português com um bebê brasileiro, ele reage, mas não reage se alguém se dirige a ele em outra língua (inglês, chinês, russo etc.).

> ### Questão para reflexão
>
> Ainda considerando o choro, você já se perguntou qual seria sua importância para o desenvolvimento da fala? Pode-se dizer que o choro tem um papel importante nesse processo, pois o bebê começa a aprender a controlar sua respiração, sendo esse controle a base para a fala.

Passados poucos meses, a criança começa a produzir outros tipos de sons que significam que está tudo bem com ela, para a alegria dos pais. Esses sons são anteriores ao balbucio e, por isso, são de difícil representação gráfica.

Figura 2.2 – Sons provocados pela satisfação do bebê (idade de 2-4 meses)

Photobac/Shutterstock

Nesse período de sua vida, quando surge o chamado *arrulho**, a criança começa a distinguir os sons vocálicos e consonantais – ainda que de uma forma difusa – e rapidamente passa a associar os sons da voz de sua mãe com experiências ou sensações agradáveis, normalmente reagindo com um sorriso, o qual é considerado como um indício importante de que a criança relaciona as coisas

---

* Os sons produzidos pela criança nessa fase são chamados de *arrulhos* por se assemelharem ao som produzido pelos pombos (também se assemelham ao ronronar que os gatos emitem quando estão satisfeitos). Por causa do maior controle dos músculos faciais, o bebê reage aos estímulos dos pais, expressando sua satisfação numa mistura de sorrisos e sons geralmente vibrantes.

de seu interesse, de seu mundo, com a fala (Godoy; Senna, 2011). Seguindo seu instinto, a mãe conversa com a criança enquanto a alimenta, dá banho etc.

O período compreendido entre 4 e 7 meses é absolutamente vital para o desenvolvimento da fala, pois é quando a criança começa a **balbuciar**.

Figura 2.3 – Fase de balbucios (idade de 4-7 meses)

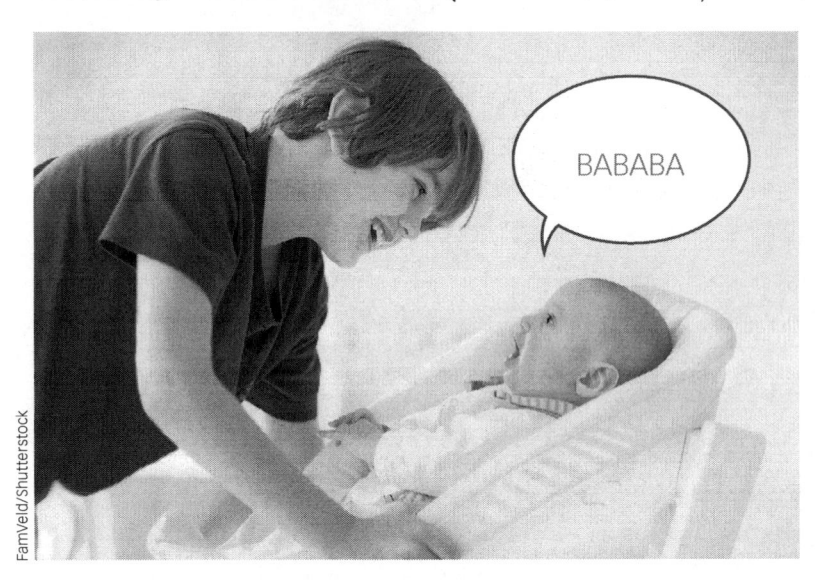

O bebê emite sequências de sons de diversos tipos e repete as mesmas sílabas, "brincando de falar". Essa é a fase de um verdadeiro treino fonético. As primeiras séries de sílabas se relacionam com a facilidade articulatória das combinações e são iguais em todas as línguas: *pa-pa, ma-ma, ba-ba, da-da, ta-ta*. É por esse motivo que em todas as línguas do mundo essas combinações são escolhidas para se referir aos pais: *papa, papá, papai, baba, mama, mamá, mamma* etc.

Como acontece no desenvolvimento de qualquer outra forma de aprendizagem (engatinhar, sentar, andar, agarrar etc.), não é possível distinguir claramente cada etapa do desenvolvimento da fala, por exemplo, por datas específicas. Também é preciso considerar que diferentes crianças passam por essas etapas em idades ligeiramente diferentes e que a duração de cada etapa de desenvolvimento também é individual. Porém, é importante ressaltar que todas as crianças sem sérias patologias obrigatoriamente passam por todas as etapas do desenvolvimento da fala e da linguagem.

Quando a criança responde com balbucio à voz de um adulto, ela está começando a envolver-se com a **comunicação verbal**. Nessa fase, os bebês já são altamente socializados e, entre os 12 e os 18 meses, muitos deles proferem claramente palavras conhecidas.

> Todas as crianças sem sérias patologias obrigatoriamente passam por todas as etapas do desenvolvimento da fala e da linguagem.

Figura 2.4 – Emissão de palavras isoladas (idade de 12-18 meses)

A partir dessa fase, podemos afirmar que a criança está pronta para começar a falar e desenvolver progressivamente sua comunicação verbal.

> ## Questão para reflexão
>
> Façamos uma pausa no exame das fases de desenvolvimento da fala pelas quais passa toda criança para refletirmos sobre a seguinte questão: Por que a criança deve aprender a falar?

A fim de aprofundarmos um pouco essa reflexão, resgatamos uma historinha que circula entre psicólogos e fonoaudiólogos, reproduzida por Godoy e Senna (2011, p. 43).

Um casal tinha dois filhos: uma menina muito faladora e um menino, dois anos mais novo, que nos seus primeiros anos de vida não havia proferido uma palavra sequer, para o desespero dos pais e dos avós. Eles fizeram de tudo para descobrir a causa. O menino foi levado a um otorrinolaringologista, que não constatou quaisquer problemas articulatórios nem de audição. Foi levado também a um neurologista, o qual afirmou que estava tudo perfeito com o sistema neurológico do menino e que o cérebro da criança funcionava às mil maravilhas. O tempo passava e o menino continuava sem falar, embora já tivesse feito seu quarto aniversário. Uma bela manhã, quando a família estava tomando seu café, de repente o menino falou em alto e bom som: 'Está faltando açúcar no meu mingau'. [...] Enfim, a mãe conseguiu gaguejar: 'Pedrinho, meu bem, mas por que você nunca falou antes?'. E o Pedrinho respondeu: 'Porque antes nunca faltou nada!'.

Como você deve estar imaginando, a principal mensagem dessa história está relacionada à **necessidade de motivação para se falar**. A criança do relato não precisava falar, por isso não falava. Muitas vezes as necessidades da criança são tão prontamente atendidas, bastando um simples gesto, que ela não terá motivo para falar.

Voltando à questão inicial, é válido supor que, em princípio, todas as crianças têm uma motivação para falar simplesmente porque pertencem à espécie humana. Além disso, qualquer criança, em condições comuns e normais, rapidamente descobre que os sons que saem da boca daquelas pessoas que habitam seu pequeno mundo têm uma força muito poderosa, pois as palavras fazem com que "aconteçam coisas".

Nessa idade, crianças se expressam por meio de palavras isoladas. Durante esse período, o vocabulário infantil é de mais ou menos 50 palavras formadas por uma ou duas sílabas. A área conceitual, que corresponde a uma sequência sonora (palavra), se modifica e seu significado pode se expandir ou se contrair. Um exemplo claro é a palavra *papá*. A criança entende que essa palavra se refere a uma pessoa (de barba, de fala "menos mansa", de andar e gestos "menos suaves" etc.) que a mãe chama assim. Passado algum tempo, ao sair com a mãe para um passeio, basta que a criança veja uma figura masculina para que ela grite alegremente "papá, papá", deixando sua mãe constrangida. Com o tempo, quando a criança incorpora no seu vocabulário a palavra *homem*, o significado de *papá* volta a reduzir-se para passar a significar apenas aquele homem que é seu pai. Posteriormente também pode vir a usar a palavra *papá* com outro significado, como sinônimo de *comida*.

É importante observar que as palavras da criança nessas primeiras fases da evolução da linguagem não se referem exatamente a um objeto ou a um indivíduo. Assim, uma palavra como *au-au* pode significar não só a informação sobre a presença de um cachorro (ou qualquer outro bicho – o conceito expandido); o significado dessa palavra pode ser equivalente ao significado de uma sentença: "Quero brincar com este cachorro", "Tenho medo de cachorro", "Vem aqui, cachorrinho!" etc. Psicolinguistas chamam essas primeiras palavras da criança de *palavras-frases* ou *holófrases*. Durante essa etapa, a criança vive uma verdadeira "explosão linguística": ela adquire o vocabulário a uma velocidade assombrosa de aproximadamente uma palavra nova a cada duas horas. A essa fase se seguem outras: as de aquisição de estruturas gramaticais, de aquisição de novos conceitos e de refinamento e maior precisão de significados.

Essa fase das palavras isoladas, ou palavras-frases, é bastante variável e, dependendo da criança, pode durar entre dois meses e um ano. Porém, como comenta Macwhinney (2007), como palavras isoladas não dão conta de articular uma visão mais completa do mundo que cerca a criança, esta precisa ser capaz de associar predicados, como *quero*, a argumentos, como *biscoito*, *mamá*, *historinha* etc.

A partir do segundo ano de vida, por volta dos 18 a 24 meses, a criança começa a combinar palavras em sentenças de duas e, depois, três unidades. Essa associação é o primeiro passo no desenvolvimento da sintaxe.

FIGURA 2.5 – PRIMEIRAS COMBINAÇÕES DE PALAVRAS (IDADE DE 18-24 MESES)

Tem-se denominado a fala da criança nessa idade de *fala telegráfica*, em virtude da ausência de recursos coesivos, como artigos, preposições e pronomes. Nessa fase, as sentenças normalmente são compostas de dois substantivos ou de um substantivo e um verbo: "Historinha neném" e "mamá cabô", por exemplo. Assim como no caso das palavras-frases, essas primeiras sentenças podem ter significados diferentes, de acordo com a situação em que são ditas. Por exemplo, "Historinha neném" pode significar "Mamãe, conta uma historinha para mim", "Eu ganhei esse livro de historinhas", "Você quer ver meu livro de historinhas?", entre outras possibilidades.

Como foi possível observar, o processo de aquisição da língua materna se dá de acordo com os estágios bem diferenciados pelos quais passam todas as crianças. Entretanto, o desenvolvimento da linguagem não se restringe apenas à aquisição da estrutura da língua. Logo, as crianças aprendem que a linguagem permite lidar com os mais variados tipos de pessoas nos mais variados tipos de situações. Esse processo de expansão da dimensão social da linguagem acontece durante todo o período de aquisição, mas é especialmente saliente nos últimos anos da idade pré-escolar e no começo da idade escolar. Assim, as crianças desenvolvem a competência pragmática. Tornando-se conscientes dos múltiplos usos da linguagem, elas se tornam mais capazes de adaptar sua fala ao contexto.

> **Importante!**
>
> A aquisição da linguagem não depende da inteligência da criança, e existe uma dissociação bem marcada entre suas capacidades cognitivas e linguísticas. Há registros de casos de crianças com problemas cognitivos muito graves que conseguiram alcançar níveis altos de desenvolvimento da linguagem.

Quando a criança se encontra em condições normais, nos sentidos biológico e social, a aquisição da linguagem se completa aos 10-12 anos de idade, e a idade de 13-14 anos é chamada de *período crítico*, que limita a possibilidade de surgimento e desenvolvimento da linguagem.

{ Tornando-se conscientes dos múltiplos usos da linguagem, as crianças se tornam mais capazes de adaptar sua fala ao contexto.

Podem ser listadas algumas provas relacionadas à existência de um período crítico. A primeira diz respeito à aprendizagem de uma segunda língua. Na maioria dos casos, quando acontece em idade adulta, esse processo exige do aprendiz esforços muito grandes com resultados relativamente mais pobres. Ao mesmo tempo, a dificuldade dessa tarefa é um indício de que a aquisição da linguagem não depende das capacidades cognitivas dos indivíduos, visto que os adultos dispõem de mais conhecimentos de vários tipos e de maior número de estratégias cognitivas e, mesmo assim, mostram-se menos competentes para chegar a assimilar uma segunda língua com sucesso.

No entanto, vale a pena acrescentar aqui que se, a rigor, a aquisição da fonologia se completa por volta de 7-8 anos, o desenvolvimento da morfologia e da sintaxe se aprimora ao longo dos anos e a aquisição dos léxicos continua por toda a existência de um indivíduo.

Outra prova da existência do período crítico para adquirir linguagem se encontra nos limitados progressos no domínio de uma língua em crianças que foram privadas de experiências linguísticas por razões de isolamento social ou de confinamento. Existem registros de casos de crianças raptadas por lobos e macacos e de crianças mantidas pelas próprias famílias em condições subumanas ou até desumanas. Quando essas crianças forem devolvidas ao convívio humano em tenra idade, elas poderão atingir o desenvolvimento normal da linguagem e, quanto mais velhas forem essas crianças, menos sucesso linguístico elas alcançarão.

doispontodois
O "manhês"

Muitas pessoas acreditam que nos primeiros anos de sua vida a criança passa por um "curso intensivo" de sua língua materna e que seus pais, avós e/ou outras pessoas que cuidam dela são de fato os mais dedicados e abnegados professores. Essa ideia não pode ser tomada como verdadeira pelas seguintes razões:

a. Nem todos os pais são preocupados com o desenvolvimento linguístico de seus filhos, por não terem tempo suficiente e/ou pela sua condição social.
b. Mesmo os pais mais abastados e dedicados não conseguiriam passar a seu filho todas as amostras das combinações linguísticas possíveis na língua.
c. As crianças frequentemente são insensíveis às correções linguísticas feitas pelos pais.

Todavia, foi demonstrado que os pais modificam sua fala quando interagem com seus filhos pequenos. Esse "estilo" especial é conhecido por *manhês* e é usado principalmente pelas mães e em quase todas as culturas humanas. O uso do "manhês" também é frequentemente observado na fala de pessoas com seus bichos de estimação e até entre os namorados. À medida que os filhos vão crescendo, o "manhês" aos poucos é abandonado e substituído pela fala comum. É importante observar que os traços característicos próprios do "manhês" não são usados conscientemente pelos adultos. Esses traços são os seguintes:

- A articulação dos sons é mais cuidada, o timbre é mais elevado, a entonação é exagerada e o ritmo mais lento que o habitual, com as pausas mais longas e em maior quantidade.
- Os enunciados são mais breves que os habitualmente usados nas conversas entre adultos, é utilizado um menor número de sentenças subordinadas por enunciado e são formulados mais enunciados sem verbo e um menor número de formas verbais.
- O léxico contém um número limitado de palavras, que são repetidas, e manifesta uma abundância de diminutivos.
- O discurso focaliza o "aqui e agora"; são usadas mais sentenças imperativas e interrogativas com os pronomes *quem*, *que*, *onde* etc., as quais, devemos frisar, são bem complexas por sua estrutura sintática, o que contraria a ideia muito comum de que o "manhês" seria uma língua simplificada.

doispontotrês
As teorias de aquisição da linguagem

As abordagens teóricas que propõem explicações de como as crianças aprendem a linguagem podem ser organizadas em três grupos: **behavioristas** (comportamentistas), **inatistas** e **interacionistas**. Examinemos a seguir essas três propostas centrais.

2.3.1 Abordagens behavioristas

O behaviorismo tem a característica de levar em conta apenas os aspectos comportamentais observáveis e mensuráveis, rejeitando quaisquer possibilidades de explicações mentalistas (relacionadas à mente) do comportamento verbal, como o conhecimento implícito (internalizado) de regras gramaticais: a competência.

Os behavioristas procuram registrar condições observáveis do meio (estímulos) que predizem comportamentos verbais específicos (respostas). Eles não negam a existência de mecanismos internos e reconhecem que o comportamento observável tem uma base psicológica interna. O que os behavioristas rejeitam é a existência de estruturas ou processos internos que não tenham correlatos físicos específicos, como as gramáticas internalizadas.

O desenvolvimento da linguagem, que, para os behavioristas, não é nada mais que a aprendizagem do comportamento verbal, é entendido como uma aprendizagem das associações entre estímulos e respostas com adição de vários reforços e punições proporcionados pelos agentes do ambiente (por exemplo, os pais). Nessa perspectiva, pais e professores treinam crianças para estas executarem comportamentos verbais adequados. Os adultos oferecem a elas exemplos de fala adulta para serem imitados, como em: "Tchau. Diga 'tchau' pra titia. Que bonito! Ele falou 'tchau'!". Ao ter executado o comportamento correto, a criança recebe um elogio, um reforço.

> Os behavioristas reconhecem que, ao longo do desenvolvimento da linguagem infantil, aumenta-se a complexidade das unidades de resposta. Nesse sentido, a aprendizagem do comportamento verbal se resume em treinamento com base em certos estímulos do ambiente que provocam e reforçam determinadas respostas e inibem outras.

Ao contestarem a posição behaviorista, muitos psicolinguistas argumentam que, em situações reais, os pais normalmente não se comportam como cuidadosos e eficientes professores da língua e, mesmo quando o fazem, se a criança não apresenta uma maturação suficiente, o treinamento não funciona a contento. Vejamos um exemplo de tal treinamento infeliz:

- Criança: "Ninguém não gosta de mim".
- Mãe: "Não. Diga: 'Ninguém gosta de mim'".
- Criança: "Ninguém não gosta de mim" (O diálogo se repete oito vezes).
- Mãe: "Agora me escuta bem. Diga: 'Ninguém gosta de mim'".
- Criança (chorando): "Ninguém não gosta de mim! Nem você não gosta de mim!".

Com certeza, você vai se lembrar de outros casos semelhantes ao do nosso exemplo. No entanto, como já dissemos, é bastante raro os pais corrigirem a forma gramatical do enunciado de seu filho.

2.3.2 Abordagens inatistas

Ainda há persistência daqueles que supõem que a mente de um recém-nascido é uma lousa branca, na qual podem ser registradas quaisquer informações. Esse modelo foi contestado há, ao menos, 50 anos, desde que o linguista Noam Chomsky (1959-1983) elaborou o chamado *argumento da pobreza de estímulo*. O que Chomsky questionou foi como as crianças adquirem suas línguas maternas com tamanha eficiência a partir de estímulos tão aleatórios e incongruentes. A contribuição da linguística chomskyana para a compreensão da natureza humana foi a de evidenciar que os falantes de uma língua natural produzem sequências de sentenças infinitas a partir de recursos finitos, sem jamais violar a leis gerais que governam as gramáticas das línguas naturais.

As abordagens inatistas supõem que a linguagem tem uma estrutura, uma gramática que independe do uso, e assumem também que todos os falantes nativos adultos têm o conhecimento das regras dessa gramática e que estas não precisam ser ensinadas. Entretanto, os falantes podem não se dar conta desse conhecimento e não ser capazes de descrever as regras. Nessa perspectiva, a aquisição da linguagem nada mais é que o processo de descoberta pela criança das regras de sua língua materna. Por isso, é necessário assumir que a linguagem tem uma base genética muito forte, o que explicaria a rapidez da aquisição da linguagem.

> Os inatistas postulam que as crianças nascem com um dispositivo de aquisição da linguagem biologicamente programado, que contém os princípios universais da estrutura de qualquer língua humana, chamados por Chomsky de *gramática universal* (GU). Esse dispositivo permite à criança exposta a uma língua deduzir seus parâmetros e regras específicas. Em suma, nessa perspectiva teórica, a aquisição da linguagem ocorre quando a criança entra em contato com a experiência linguística e, com base no conhecimento inato da GU, desenvolve uma gramática particular, como a gramática do português ou do inglês.

Essa abordagem minimiza os efeitos de ambientes linguísticos variados e diferentes, considerando que o ambiente serve apenas como um desencadeador do dispositivo da aquisição da linguagem. É provável que a afirmação dos inatistas de que a simples exposição à linguagem seria suficiente para o desenvolvimento linguístico normal seja falsa. Foi sugerido também que a aquisição de algumas regras sintáticas e semânticas pode acontecer até mesmo na idade adulta (Gould, 1982).

Por último, vale a pena mencionar que o postulado de Chomsky de que a linguagem é específica do gênero humano é controverso. Nesse sentido, é interessante examinarmos brevemente o que as pesquisas com primatas nos dizem sobre o tema em questão.

Existem relatos de diversas pesquisas com primatas, principalmente com chimpanzés, nas quais o objetivo era ensinar esses macacos a falarem inglês, embora não oralmente, porque seu trato oral não lhes permite realizar as articulações sonoras humanas. Em alguns experimentos, foi usada a língua dos surdos americanos e, em outros, línguas artificiais. Para surpresa dos cientistas, os chimpanzés conseguiram aprender não somente algumas dezenas de palavras, como também reproduziram e até inventaram sequências linguísticas significativas e gramaticalmente bem construídas, além de terem aprendido e usado criativamente conceitos relacionais e abstratos (Tomasello, 2003, 2008).

> Essas pesquisas reabrem um debate que parecia definitivamente encerrado: Seria a diferença entre as linguagens de animais e a humana simplesmente uma questão de grau ou existiria um salto qualitativo nos conhecimentos linguísticos e nas práticas de fala da espécie humana? As pesquisas realizadas por estudiosos de antropologia, etologia, neuropsicologia e outras ciências darão a resposta.

2.3.3 Abordagens interacionistas

Como vimos, behavioristas e inatistas ocupam posições radicalmente opostas quanto aos postulados teóricos fundamentais. As abordagens interacionistas reconhecem e muitas vezes aceitam os argumentos mais fortes de ambos os campos. Os interacionistas assumem que muitos fatores interdependentes – biológicos, sociais, linguísticos, cognitivos etc. – afetam o curso do desenvolvimento; tanto os fatores sociais ou cognitivos podem modificar a aquisição da linguagem, como a aquisição, por sua vez, também pode modificar o desenvolvimento cognitivo e social.

Analisemos a seguir dois tipos principais de abordagens interacionistas: o interacionismo cognitivo de Jean Piaget e sua escola e o interacionismo social de Lev Vygotsky e seus seguidores.

O interacionismo cognitivo ou construtivismo: Os estudos do psicólogo suíço Jean Piaget compartilham muitas características importantes com a abordagem linguística da aquisição da linguagem: eles enfatizam as estruturas internas como determinantes do comportamento e concordam sobre a natureza da linguagem como um sistema simbólico para a expressão da intenção. No entanto, existem também algumas fortes diferenças teóricas entre as duas perspectivas. A mais importante dessas diferenças é que, para Piaget, a linguagem não é independente das outras habilidades humanas que surgem como resultado do amadurecimento cognitivo. Assim, ao contrário de Chomsky, Piaget postula que as estruturas linguísticas não são inatas.

Contudo, ao contrário do que afirmam os behavioristas, para Piaget, a linguagem tampouco é aprendida: as estruturas linguísticas "emergem" como resultado da interação incessante entre o nível do funcionamento cognitivo da criança em uma certa etapa de seu desenvolvimento e seu ambiente. Devido a essa concepção da aquisição da linguagem, a abordagem piagetiana é conhecida como *construtivismo*. Essa abordagem sugere que a linguagem é apenas uma das expressões de um conjunto geral das atividades cognitivas humanas. Por isso, o desenvolvimento do sistema cognitivo deve ser considerado um precursor necessário da linguagem.

Entretanto, existem algumas evidências que contrariam os postulados piagetianos. Vários psicolinguistas identificaram situações nas quais as capacidades linguísticas e cognitivas parecem separáveis. Assim, crianças com alguns sérios retardos mentais que se saem pessimamente em tarefas cognitivas podem exibir padrões linguísticos normais. Também crianças com graves deformidades anatômicas, que prejudicam o desenvolvimento sensório-motor tido como precursor do desenvolvimento cognitivo e linguístico, chegam a desenvolver normalmente tanto a cognição como a linguagem.

O sociointeracionismo: Tem como principal representante o psicólogo russo Lev Vygotsky. Com base na observação da interação entre crianças e também entre crianças e adultos, esse estudioso do desenvolvimento infantil concluiu que a linguagem desenvolve-se, primariamente, a partir da interação social.

Essa abordagem também combina vários aspectos das perspectivas behaviorista e inatista. Os sociointeracionistas concordam com os inatistas em que a linguagem humana tem uma estrutura e certas regras que a diferenciam de outros tipos de comportamento. Ao mesmo tempo, tal como os behavioristas, eles privilegiam o papel do ambiente, das funções sociocomunicativas da linguagem. Por outro lado, uma estrutura linguística mais madura e sofisticada permite variar de modo mais sofisticado o relacionamento social.

Comparemos o modelo sociointeracionista com as abordagens estudadas anteriormente. Para behavioristas, crianças são "receptores" passivos do treinamento linguístico, e o resultado do desenvolvimento da linguagem se deve exclusivamente a esse treinamento. Na abordagem inatista, a criança é ativa e vista como um "pequeno cientista" que analisa a fala dos outros e descobre as regras gramaticais. A criança piagetiana interage com o ambiente de acordo com as possibilidades cognitivas próprias do estágio de desenvolvimento em que se encontra para "se construir" e passar ao estágio seguinte. Já para os sociointeracionistas, a criança e seu ambiente de fala representam um sistema dinâmico: ela se beneficia do ambiente e, ao mesmo tempo, exige dele mais dados necessários para se desenvolver linguisticamente.

A principal força da abordagem sociointeracionista é sua natureza eclética. Nessa concepção, a linguagem emerge a partir de um jogo complexo entre as capacidades cognitivas e linguísticas da criança e seu ambiente linguístico-social.

2.3.4 O conexionismo

A visão conexionista da aquisição da linguagem surgiu a partir do início da década de 1990. Diferentemente dos inatistas, os conexionistas defendem a hipótese de que a aquisição da linguagem não depende de um módulo específico na mente, mas pode ser explicada em termos de aprendizagem em geral.

A abordagem conexionista para a aquisição da linguagem busca descrever os processos cognitivos em termos computacionais, ou seja, em termos da estrutura de dados e de processos que atuam sobre eles. Interessam a um modelo computacional da linguagem a compreensão, a produção e as representações que permitem esses processos (Gasser, 1990).

Os adeptos dessa vertente argumentam que o que as crianças basicamente precisam saber está ao alcance delas por meio da língua a que estão expostas (Lightbown ; Spada, 2006, p. 23). Nesse sentido, pesquisadores conexionistas, como Elman et al. (1996), citados por Lightbown e Spada (2006), buscam explicar como as crianças constroem conexões entre palavras e frases e as situações nas quais elas ocorrem. Esses pesquisadores argumentam que, ao ouvir uma palavra ou frase em um contexto específico, a criança cria uma associação em sua mente entre a palavra ou frase e o que elas representam (objeto, evento ou pessoa). No entanto, em um modelo conexionista, a aquisição da linguagem vai além do processo de associação de palavras com elementos da realidade externa. Inclui também o processo de associar palavras e frases com outras palavras e frases que ocorrem juntas, conforme podemos observar nos exemplos citados em Lightbown e Spada (2006):

- Crianças que estão adquirindo línguas que possuem substantivos com gênero gramatical (como é o caso do português) aprendem a associar a forma adequada do artigo ou do adjetivo com os substantivos.
- Elas aprendem a relacionar os pronomes com as formas verbais que apresentam a pessoa e o número correspondentes.
- As crianças aprendem também a combinar os advérbios temporais com os tempos verbais adequados.

A teoria conexionista postula que tudo isso é possível por causa da habilidade geral da criança para fazer associações entre coisas que normalmente ocorrem juntas.

O fato de que a criança é exposta a milhares de oportunidades para aprender palavras e frases é particularmente importante para a hipótese conexionista. Nessa perspectiva, a aprendizagem acontece gradualmente à medida que as associações entre as formas linguísticas e o significado vão sendo construídas.

> **Importante!**
>
> Críticos do conexionismo o acusam de ser uma espécie de behaviorismo disfarçado de neurociência. No entanto, apesar de esse modelo compartilhar com o behaviorismo um foco na aprendizagem de associações de estímulos-respostas (*input-output*), existem diferenças importantes entre ambos. Pode-se dizer que a principal diferença reside na preocupação dos conexionistas com as representações internas que são construídas com base nos dados linguísticos fornecidos pelo ambiente e com os processos mentais que estão envolvidos na construção dessas representações (Gasser, 1990).

2.3.5 Abordagens mais recentes

Quanto ao(s) fator(es) que poderia(m) explicar o comportamento linguístico em humanos e sua ausência em outras espécies, vale lembrar que, para Chomsky, esse fator é a habilidade linguística em si. O linguista vê a linguagem como um mecanismo genético que permite desenvolver a competência linguística, uma adaptação única da nossa espécie e autônoma, independente de outras habilidades humanas. Michael Tomasello, importante psicólogo estadunidense, discorda, enfatizando que comportamentos cognitivos e sociais complexos são observados em nossos "primos", os chimpanzés. Várias pesquisas mostraram que a comunicação entre esses primatas é atipicamente complexa em comparação com outros representantes do mundo animal, sugerindo que Chomsky provavelmente estaria equivocado ao separar a linguagem humana das nossas outras capacidades cognitivas. A ideia que surge, então, é que a linguagem que temos não é um produto de um mecanismo genético autônomo, mas, pelo contrário, poderia ser aprendida por qualquer outra criatura, desde que ela tenha um conjunto próprio de padrões cognitivos e sociais. Os chimpanzés, por exemplo, podem aprender a linguagem humana gestual, como a libras, dado que não dispõem de um aparelho fonador semelhante ao nosso, chegando à competência linguística de uma criança de 2 a 2,5 anos (Tomasello, 2003, 2008).

O autor ainda propõe que são justamente padrões cognitivos e sociais específicos que subjazem a nossa competência linguística. Esse pesquisador não discorda de que os primatas não têm uma habilidade para a aquisição da linguagem como a que nós temos. Sua posição é semelhante à proposta de Vygotsky (Tomasello reconhece que foi bastante influenciado por seus trabalhos, como também, e principalmente, pelos trabalhos do psicólogo Jerome Bruner nos anos 1970 e 1980) e pode ser entendida como sociocognitivista (ou "interpessoal-cognitivista") em vez de sociointeracionista, até porque, para Tomasello, social é equivalente a interacional.

Tomasello (2003, 2010) reconhece que a linguagem é uma forma de cognição que as crianças desenvolvem quando estão em interação regular com adultos. Ou seja, as crianças nascem com certas capacidades cognitivas que permitem que elas desenvolvam sua competência linguística e também com certas habilidades sociais que as motivam nesse desenvolvimento. Assim, os chimpanzés (e outros primatas) não teriam algumas dessas capacidades cognitivas e interpessoais que representam um pré-requisito para o desenvolvimento da linguagem. Esse autor considera que a linguagem é o resultado "dos desenvolvimentos histórico e ontogenético, que trabalham em conjunto com os padrões cognitivos humanos preexistentes, alguns dos quais são compartilhados com outros primatas e alguns outros são unicamente humanos" (Tomasello, 2003, p. 208).

> Em razão do fato de que a separação de nossa espécie dos outros primatas é relativamente recente, em termos de evolução, nosso conjunto de habilidades cognitivas e interpessoais se assemelha bastante ao dos chimpanzés (Tomasello, 2008).

Tal como Piaget, e ainda visando à explicação do processo evolutivo (que não foi o objetivo de Piaget), Tomasello (2010) sugere que a linguagem não é o pré-requisito para a cognição humana. Pelo contrário: a linguagem é vista como um produto dessa cognição.

Esse estudioso não acredita que entender a intencionalidade do outro seja uma característica exclusivamente humana, mas a considera como uma das capacidades fundamentais e necessárias para que um indivíduo possa adquirir a linguagem. Assim, um indivíduo que é capaz de "ler as intenções" do outro, "entrar na mente" do seu interlocutor, reconhecer a intencionalidade em outros será também capaz de entrar em períodos da chamada *atenção compartilhada* com os outros, e é justamente nesses períodos que acontece a aquisição de novas palavras e novos enunciados. Ou seja, de acordo com Tomasello (2003), os pré-requisitos necessários para que o indivíduo desenvolva a linguagem são:

- entender que ele, esse indivíduo, é um ser intencional; e
- ter a habilidade de traçar analogias entre seus comportamentos e os dos outros e reconhecer a intencionalidade das ações dos outros.

Essa "leitura de intenção" permite entender que o outro age com alguns objetivos, fazendo escolhas entre os comportamentos possíveis para atingir esses objetivos. Para Tomasello (2003, 2010), a criança passa a fazer a "leitura de intenção" por volta dos 9 meses de idade. Com o tempo, ela vai percebendo que o adulto também pode compreender suas intenções comunicativas e, com isso, passa a usar os símbolos linguísticos que os adultos usam, manipulando, assim, os estados intencionais deles. Possivelmente apenas seres humanos tenham uma motivação para compartilhar intencionalidade.

> Possivelmente apenas seres humanos tenham uma motivação para compartilhar intencionalidade.

Como já mencionamos, de acordo com Tomasello (2010), para que a criança possa entender novas formas linguísticas e chegue a desenvolver a linguagem, a interação dela com o adulto deve acontecer nos contextos específicos chamados de *quadros de atenção conjunta ou compartilhada*, quando os interlocutores têm algum interesse comum ("a relevância") dentro de um contexto comum. Nessas situações, os dois definem intencionalmente as referências externas (brinquedos, comida etc.) e as atividades realizadas.

Tomasello (2008, p. 74, tradução nossa) ainda explica que o contexto comunicativo "não é simplesmente tudo o que se encontra no ambiente imediato, desde a temperatura do lugar até os sons de pássaros no pátio, mas o que é 'relevante' para a interação social, ou seja, o que cada participante vê como relevante e sabe que o outro também vê como relevante". Se, nessa situação, o interlocutor usa alguma forma linguística que a criança desconhece, ela (a criança) faz uma inferência: se o falante está usando aquela expressão desconhecida com a intenção comunicativa X, então, é relevante para seus objetivos neste quadro de atenção conjunta que eu também saiba tal expressão (Tomasello, 2003, p. 25).

Imaginemos uma determinada mãe dando banho em sua filha de 1 ano de idade. Se, num certo momento, a mãe, pegando um frasco, diz: "Agora vamos passar o condicionador" (sendo que é a primeira vez que a mãe decide passar o condicionador no cabelo da filha), a criança entenderá que a mãe compreende que esse fluxo de sons *condicionador* é relevante para seu objetivo de lavar o cabelo. Segundo Tomasello (2003), sem ter feito a inferência de relevância, dentro do quadro de atenção conjunta, a criança não seria capaz de determinar o significado e, com isso, aprender uma nova expressão linguística.

Assim, para esse psicólogo, quando a criança é capaz de entender o significado de um ato comunicativo, ela será capaz também de expressar o mesmo significado por entender o princípio de intercambialidade de papéis exercidos dentro dos quadros de atenção conjunta, ou seja, por entender que em algum sentido ela é "como os outros", por conseguir se imaginar no lugar do outro.

Síntese

Vimos, neste capítulo, que todos os estudos que tratam da aquisição da linguagem mostram que os comportamentos em desenvolvimento ocorrem numa ordem inalterável, existindo uma combinação dos fenômenos biológicos e ambientais. Trata-se, sem dúvida, de um assunto que interessa a psicólogos, linguistas, professores e outros profissionais. A teoria behaviorista parte do pressuposto de que o processo de aprendizagem consiste numa cadeia de estímulo-resposta-reforço. Por outro lado, a teoria inatista chomskyana defende que todo ser humano nasce com um dispositivo inato que possibilita a aquisição da linguagem. Nessa perspectiva, supõe-se que, naturalmente, a criança ativa um mecanismo mental para o desenvolvimento da linguagem. Piaget e Vygotsky reconhecem a importância tanto do componente inato como do ambiente. Para o sociointeracionismo, o meio social praticamente determina o desenvolvimento da criança, enquanto o construtivismo piagetiano privilegia o amadurecimento "interno", que se apoia no ambiente. Já Tomasello adota uma postura cognitivista e, ao mesmo tempo, sociointeracionista. Seu foco está na aquisição, ou melhor, na aprendizagem das funções da linguagem e não nas estruturas linguísticas.

Indicações culturais

Artigo

MORATO, E. M. A controvérsia inatismo x interacionismo no campo da linguística: a que será que se destina? ComCiência, 10 out. 2013. Disponível em: <http://www.comciencia.br/comciencia/?section=8&edicao=92&id=1138>. Acesso em: 24 jan. 2014.

Esse artigo de Morato é uma leitura indicadíssima para aprofundar a compreensão em relação ao embate entre essas duas abordagens teóricas – inatismo e interacionismo – para a aquisição da linguagem.

Filmes

NELL. Direção: Michael Apted. EUA: 20th Century Fox Film Corporation, 1994.

O ENIGMA de Kaspar Hauser. Direção: Werner Herzog. Alemanha: New Yorker Films, 1974. 110 min.

Sobre a aquisição da linguagem, indicamos esses dois filmes, que são muito interessantes.

Vídeos

DESENVOLVIMENTO da linguagem infantil (0 a 5 anos). 10 abr. 2012. Disponível em: <http://www.youtube.com/watch?v=uEdm2wFvBIo>. Acesso em 24 jan. 2014.

Para ampliar seu conhecimento a respeito das etapas do desenvolvimento da linguagem, recomendamos esse vídeo.

Atividades de autoavaliação

1. Levando em conta a trajetória de aquisição da linguagem pela criança em seu ambiente, analise se as afirmações a seguir são verdadeiras (V) ou falsas (F):
   ( ) O desenvolvimento da linguagem consiste na aquisição dos sons e da estrutura da língua.
   ( ) Durante o primeiro ano de vida, a criança adquire as habilidades fonéticas e pragmáticas.
   ( ) No estágio de palavras isoladas, a criança pode usar tais palavras para se referir a uma situação e não a um objeto ou a uma pessoa apenas.
   ( ) Durante todo o período de aquisição da linguagem, é muito importante que os pais e os educadores participem da tarefa de ensinar as crianças a falarem.
   Assinale a sequência correta:
   a. V, V, F, F.
   b. F, V, V, F.
   c. F, F, V, V.
   d. V, F, F, V.

2. No que se refere à discussão sobre as teorias de aquisição da linguagem, assinale a alternativa correta:
   a. Os sociointeracionistas supõem que a mente de uma criança recém-nascida pode ser comparada a uma lousa branca, na qual seriam registradas as informações recebidas do ambiente. Os estudiosos das abordagens sociais se atêm à ideia de que a mente é um construto empírico da cultura.

b. Para os inatistas, a linguagem apresenta uma estrutura e uma gramática próprias, das quais os falantes não se dão conta. Por isso, é necessário que a gramática seja ensinada na escola para que as crianças aprendam a falar bem.
c. Na abordagem inatista, a criança é vista como um "pequeno cientista", pois ela analisa a fala dos outros e descobre as regras gramaticais da sua língua materna.
d. Para a escola piagetiana, o desenvolvimento cognitivo e o linguístico são independentes.

3. Analise as proposições a seguir considerando o período crítico para o desenvolvimento da linguagem e, após, selecione a alternativa que apresenta os itens corretos:

I. Em condições normais, nos sentidos biológico e social, a aquisição da linguagem da criança se completa entre 10 e 12 anos de idade.
II. A idade de 13-14 anos é denominada *período crítico*, uma vez que a possibilidade de surgimento e desenvolvimento da linguagem seria limitada a partir dessa fase.
III. Considera-se uma prova da existência do período crítico para adquirir linguagem o fato de que crianças que foram privadas de experiências linguísticas, por razões de isolamento social, tiveram pouco progresso no domínio de uma língua.
IV. Considera-se que o fato de os adultos terem mais facilidade que as crianças para aprenderem uma segunda língua seria um indício contrário à existência de um período crítico para o desenvolvimento da linguagem.

a. Somente as afirmativas I, II e III estão corretas.
b. Somente as proposições I, II e IV estão corretas.
c. Somente as proposições I, III e IV estão corretas.
d. Somente as proposições II, III e IV estão corretas.

4. Quanto às abordagens teóricas da aquisição da linguagem, assinale a alternativa que apresenta a sequência correta de palavras que preenchem as lacunas do enunciado a seguir:

Assim, ao contrário de _____, _____ postula que as estruturas linguísticas não são inatas. No entanto, ao contrário do que afirmam os _____, para _____, a linguagem tampouco é aprendida: as estruturas linguísticas "emergem" como resultado da interação entre o funcionamento cognitivo da criança e seu desenvolvimento e seu ambiente.

a. Piaget – Chomsky – behavioristas – Piaget.
b. Chomsky – Piaget – construtivistas – Piaget.
c. Piaget – Chomsky – inatistas – Chomsky.
d. Chomsky – Piaget – behavioristas – Piaget.

5. Considerando as abordagens mais recentes do comportamento linguístico em humanos, assinale a alternativa que apresenta a sequência correta de palavras que preenchem as lacunas do enunciado a seguir:

Na perspectiva de Tomasello, para que a criança possa entender novas formas _____ e chegue a desenvolver a linguagem, a _____ dela com _____

deve acontecer nos contextos específicos chamados de
_____.

a. linguísticas – interação – o adulto – quadros de atenção conjunta.
b. de vida – interação – o adulto – quadros de atenção conjunta.
c. linguísticas – interação – o meio – quadros de imaginação coletiva.
d. de pensamento – comunicação – o igual – quadros de atenção conjunta.

Atividades de aprendizagem

Questão para reflexão

1. Por que uma perspectiva sociocognitiva, a exemplo da proposta encabeçada pelo psicólogo norte-americano Michael Tomasello (1999, 2003), poderia contribuir para uma abordagem da aquisição da linguagem que conjugue fatores biológicos e socioculturais?

Atividades aplicadas: prática

1. A linguagem é inata ou é adquirida? É programada geneticamente ou é um construto social e cultural? Com base na leitura do artigo de Morato (2013) mencionado na seção "Indicações culturais":
   a. tente explicar, com suas palavras, a hipótese inatista para a aquisição da linguagem;
   b. procure descrever a hipótese interacionista para a aquisição da linguagem pela criança;
   c. explique quais são as principais críticas sofridas pelas abordagens.

2. Quando crianças que foram privadas do contato com outros seres humanos são devolvidas ao convívio humano em tenra idade, elas podem atingir o desenvolvimento normal da linguagem e, quanto mais velhas forem essas crianças, menos sucesso linguístico elas alcançarão. Por que isso ocorre? Considerando o que foi estudado neste capítulo sobre aquisição da linguagem, escreva um parágrafo explicando o(s) motivo(s) dessa diferença.

{

um   psicolinguística: objeto, história, métodos e fundamentos neurofisiológicos da linguagem

dois   aquisição da linguagem

três   dificuldades na aquisição

quatro   desenvolvimento da leitura e da escrita em língua materna

cinco   aprendizagem de segundas línguas

seis   estratégias de aprendizagem de idiomas

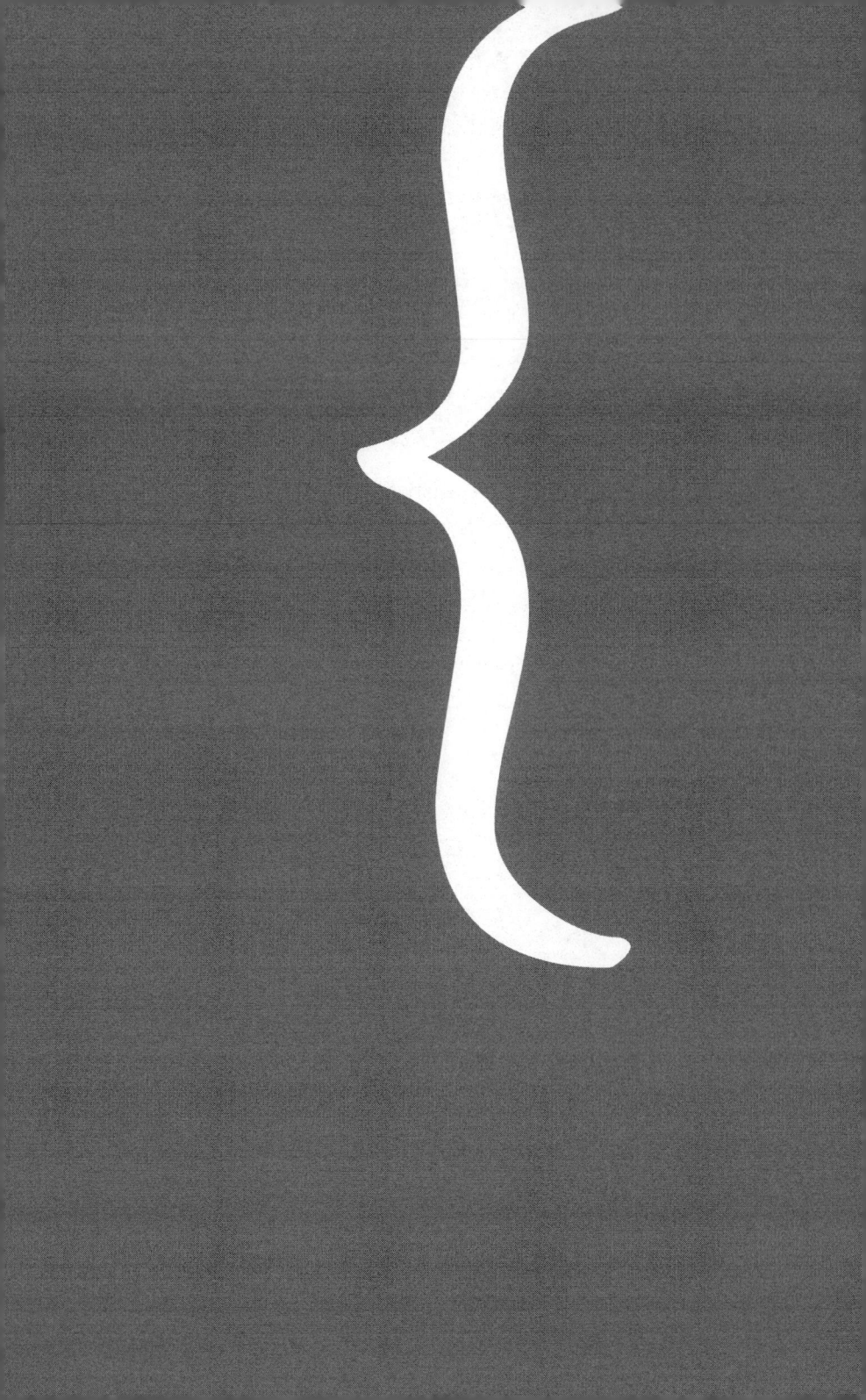

❰ NOS DOIS PRIMEIROS capítulos foram apresentados os objetivos e a metodologia da psicolinguística, os fundamentos biológicos da linguagem, a descrição do processo da aquisição da linguagem e as principais teorias que tratam de aquisição de língua materna. Neste capítulo, vamos tratar de alguns aspectos relacionados à perda da linguagem e às dificuldades da aquisição. Começaremos apresentando um panorama geral e um pouco da história dos estudos sobre distúrbios da linguagem e abordaremos alguns conteúdos referentes à neurofisiologia. Em seguida, iremos nos ocupar das afasias, que são as patologias desencadeadas por algum dano no cérebro. Posteriormente, trataremos de outros transtornos linguísticos que são bastante comuns durante o desenvolvimento escolar de crianças. Assim, este capítulo tem como objetivo o conhecimento dos principais aspectos ligados à perda da linguagem e aos problemas de aquisição.

trêspontoum
Problemas e patologias

O estudo das patologias da linguagem pertence a uma área de pesquisas bastante diferente daquelas que vimos anteriormente: a neuropsicologia cognitiva da linguagem. Não se trata de uma área totalmente nova, pois alguns neurologistas do século XIX já tinham o interesse em conhecer os efeitos que uma lesão cerebral provoca no paciente. No entanto, foi nos últimos anos do século passado que a neuropsicologia cognitiva da linguagem se estabeleceu como uma disciplina que estuda transtornos linguísticos, tais como:

- comportamentos cognitivos desviantes que produzem alguma manifestação linguística específica, como a linguagem dos esquizofrênicos;
- deficiências mentais gerais que têm manifestações cognitivas não diretamente linguísticas, mas verificáveis por meio da linguagem;
- deficiências ou perdas da linguagem, como a afasia;
- deficiências anatômicas, fisiológicas e/ou neurológicas que se refletem no uso da linguagem, como a linguagem dos surdos.

Até as últimas décadas, as demais desordens da linguagem eram consideradas de menor interesse para a psicolinguística, embora fossem de reconhecida importância neurológica e clínica. Esse desinteresse se deve ao fato de que algumas dessas patologias não se manifestam nos níveis tradicionais da linguagem (fonologia, fonética, morfossintaxe, semântica), mas relacionam-se com as competências pragmática e discursiva, que começaram a ser exploradas apenas nas últimas décadas do século XX.

A linguagem dos esquizofrênicos, por exemplo, faz parte da sintomatologia geral da esquizofrenia, em associação com alucinações, ansiedade, paranoia, misantropia, fixação, hiper ou hipoatividade etc.

> O termo *esquizofrenia* significa "mente dividida": o indivíduo nega a realidade para entrar na fantasia, desconsiderando as evidências dos seus sentidos e substituindo a realidade por falsas percepções ou alucinações que expressam enganos ou crenças falsas. Ele é emocionalmente desligado de seu meio e não se importa se se comunica ou não com as pessoas que o cercam. A manifestação linguística mais geral desse tipo de transtorno mental é um discurso incoerente que fere os princípios da comunicação. Por exemplo, em resposta à pergunta "O que é uma mesa?", o esquizofrênico pode tranquilamente emitir outra pergunta, como: "Como posso ir passear com você se não tenho nenhum pé?". Além disso, são produzidas associações insólitas entre os significantes e os significados e existe dificuldade de manter o assunto do discurso (Belinchón; Rivière; Igoa, 1992). Em resumo, a esquizofrenia se manifesta por meio de um comportamento verbal desviante.

A deficiência cognitiva faz referência ao desempenho intelectual abaixo da média que compromete a aprendizagem e o ajuste social e/ou a maturação do indivíduo. Aproximadamente 2% das crianças em idade escolar demonstram algum grau de deficiência cognitiva. As crianças com essas deficiências seguem as mesmas etapas do desenvolvimento da linguagem que as crianças consideradas "normais", mas com maior lentidão e frequentemente não alcançam as etapas finais. Essas crianças podem "pular" a etapa do balbucio e posteriormente apresentar falhas de articulação e problemas sintáticos semelhantes aos dos afásicos (que serão tratados mais adiante).

> Aproximadamente 2% das crianças em idade escolar demonstram algum grau de deficiência cognitiva.

A relação entre o desenvolvimento cognitivo e o linguístico é um dos temas que estão no centro de intensa pesquisa psicolinguística. Essa relação mostra que as duas facetas do desenvolvimento humano progridem em paralelo e só ocasionalmente apresentam padrões dissociados. É possível que as características da habilidade linguística e do uso da linguagem de crianças com deficiência cognitiva não se originem nos déficits cognitivos, mas na orientação cognitiva que produz padrões de comportamento social e motivacional diferentes dos padrões observados em crianças com desenvolvimento normal. Assim, a passividade própria das crianças com deficiência cognitiva pode ser a causa do seu lento desenvolvimento cognitivo e linguístico.

Importante!

Ao contrário do que muitos podem imaginar, uma grande parte das crianças que apresentam retardo ou desordem da linguagem não têm deficiências auditivas ou cognitivas e não são autistas.

Certas deficiências anatômicas e fisiológicas, apesar de não serem patologias da linguagem propriamente ditas, podem interferir de forma negativa na expressão linguística. Entre os problemas mais comuns estão a surdez, a mudez, a cegueira e a má-formação dos órgãos articulatórios. Essas deficiências dificultam ou impedem a produção ou a recepção da fala oral ou escrita, mas em geral não dificultam a aquisição de um sistema linguístico operativo, como a linguagem de sinais e o sistema de escrita braille.

> Questão para reflexão
>
> Considerando que, tal como as línguas orais, as línguas de sinais são línguas humanas com estrutura e organização próprias e são específicas de cada comunidade, pode-se dizer que, assim como o português brasileiro é diferente do português peninsular e o inglês americano é diferente do inglês britânico, são diferentes também as respectivas línguas de sinais?

No que se refere à surdez, durante os primeiros meses de vida, uma criança surda se comporta exatamente como uma criança não surda: ela chora, ri e balbucia. No entanto, não consegue relacionar uma determinada posição dos órgãos articulatórios com um determinado efeito acústico, porque não se ouve, assim como não ouve as outras pessoas. Mais tarde, essa criança vai abandonando as tentativas de balbucio e fica definitivamente muda. A partir desse momento, ela passa a recorrer principalmente a procedimentos gestuais para se comunicar, desenvolvendo uma mímica extremamente expressiva e ainda usando sons que não pertencem ao repertório sonoro de nenhuma língua oral.

trêspontodois
Afasias e outros problemas de linguagem ligados a lesões cerebrais

O fenômeno da afasia foi observado desde a Antiguidade, pois as pessoas notavam a relação entre certas lesões cerebrais e alguma "deformidade" dos enunciados linguísticos. Entretanto, os estudos científicos sobre esse fenômeno começaram no século XIX, quando o médico francês **Paul Broca** constatou que uma lesão na região da divisão superior da artéria cerebral média do hemisfério esquerdo resulta sistematicamente em deficiências na produção linguística. Assim, para entender melhor como acontecem essas patologias, você terá de aprofundar um pouco mais o seu conhecimento sobre neurobiologia da linguagem (Morato, 2003).

A região do cérebro apontada por Broca como a responsável pelos problemas linguísticos é conhecida como *área de Broca*. O médico alemão **Karl Wernicke** deu mais um passo nessa investigação ao determinar em que consistiam as deficiências, comparando as lesões em várias regiões e os problemas da linguagem correspondentes. Enquanto os traumatismos na área de Broca se traduziam em desordens da produção (fala entrecortada, articulações defeituosas), os traumatismos no lóbulo temporal (lateral), na região desde então chamada de *área de Wernicke*, originavam desordens da percepção e a incapacidade para entender a linguagem oral ou escrita.

FIGURA 3.1 – ÁREAS DE BROCA E DE WERNICKE

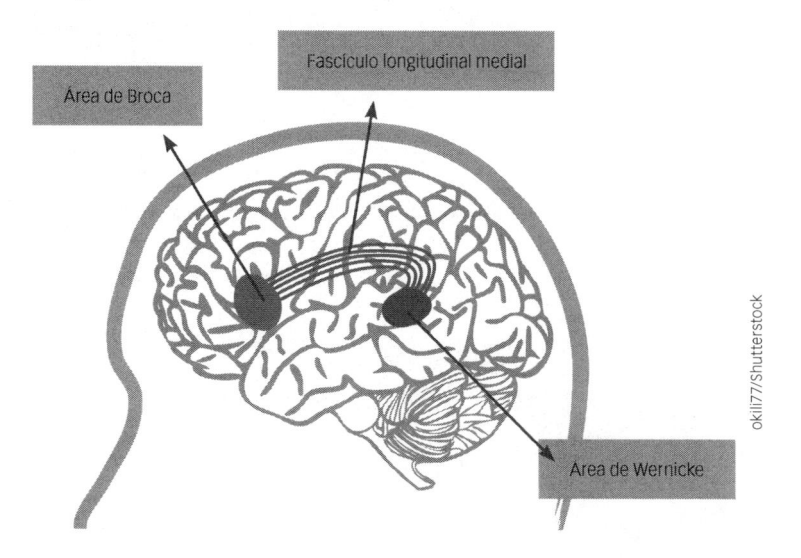

Área de Broca

Fascículo longitudinal medial

Área de Wernicke

okili77/Shutterstock

FONTE: Universidad de La Frontera, 2014.

Posteriormente foram feitas sérias objeções à "localização" das diferentes funções linguísticas em partes concretas do cérebro – observações e experimentos demonstraram que as zonas cerebrais suscetíveis de produzir afasias são muito mais amplas.

Nas últimas décadas do século XX, a primeira caracterização do fenômeno de afasia foi substituída por distinções mais sutis. Foram propostas classificações mais elaboradas que combinam as descrições puramente funcionais com uma análise detalhada das desordens linguísticas específicas, a saber:

I. **Afasia de Broca** (afasia gramatical ou afasia expressiva) – Sua origem mais frequente é alguma lesão na área de Broca e caracteriza-se por um discurso agramatical, no qual são eliminados os morfemas e as palavras funcionais (artigos, preposições, conjunções, flexões, auxiliares) e permanecem quase unicamente os nomes (substantivos, pronomes), os verbos em suas formas nominalizadas (infinitivos, particípios) e os advérbios, como em: "Filha chegar noite". O discurso habitual e formulaico (cumprimentos, despedidas, agradecimentos) é mais bem realizado que enunciados espontâneos.

2. **Afasia de Werneck (afasia semântica)** – Essa afasia se origina em lesões na área de Wernicke. O discurso é fluente e gramaticalmente correto, mas carece de termos específicos, que são substituídos por palavras genéricas ou por longas e complicadas paráfrases, como em: "Comprou a coisa, a máquina de fazer comida", "Está buscando a coisa para escrever". Às vezes são substituídos fonemas ou sílabas, como em: *drajem* por *trajem*, *caplecho* por *capricho*.

3. **Afasia central (afasia fonêmica)** – Sua origem são as lesões na região tempo-parietal (lateral-posterior). A afasia central consiste em uma falha específica da habilidade para reproduzir material verbal e produz desordens na leitura em voz alta e na escrita, principalmente quando se trata de palavras longas, plurissilábicas, como em: "Veio um cir... mm... ciro... mm.. cirão..." por *cirurgião*.

4. **Anomia** – Não é fácil precisar sua localização. A anomia se caracteriza pela falta de termos concretos que não são substituídos por paráfrases, como na afasia de Wernicke. O discurso é interrompido por longas pausas e é de difícil compreensão, como em: "Meu amigo... mm... trouxe um... mm... para comer".

5. Afasia global – Origina-se em lesões generalizadas que afetam simultaneamente os lóbulos frontal, temporal e parietal do hemisfério esquerdo. Essa afasia é um transtorno muito grave que afeta a fala, a leitura e a escrita de maneira que o paciente se torna praticamente incapaz de usar a linguagem.
6. Afasia transcortical motora (afasia dinâmica) – Tem origem em lesões na zona do lóbulo frontal anterior à área de Broca e caracteriza-se por dificuldades para começar a falar, mas, quando superadas, o discurso se produz sem problemas.
7. Alexia – Trata-se de um transtorno que afeta a capacidade de ler, mas não atinge a capacidade de escrever. É provocada por lesões no corpo caloso (que liga os dois hemisférios), interrompendo particularmente a ligação entre a zona da visão no hemisfério direito e as áreas da linguagem.
8. Agrafia/disgrafia – Uma lesão no giro angular pode levar à agrafia, que consiste na inabilidade de escrever, ou à disgrafia, que se apresenta como uma grave dificuldade para escrever, e também pode provocar a alexia.
9. Afemia – É uma dificuldade para articular sons cuja origem se dá em lesões das fibras subcorticais que unem o sistema articulatório à área de Broca.

Os dados obtidos dos pacientes com lesões cerebrais são mais uma forma de testar os modelos de processamento linguístico fundamentados no princípio de universalidade dos processos cognitivos. Assim, o estudo de um paciente afásico pode ser considerado uma espécie de experimento e, dada a singularidade de cada paciente, a única maneira de extrair inferências válidas sobre o sistema cognitivo é o estudo de caso (com todas as limitações que tais estudos apresentam).

trêspontotrês
Outras patologias

A disfasia é uma forma de patologia da linguagem que acontece na ausência de impedimentos cognitivos, sensórios, emocionais ou socioculturais óbvios. As crianças disfásicas apresentam retardos em todos os aspectos da linguagem, embora a fonologia e a sintaxe se mostrem mais atingidas. Às vezes os distúrbios podem ser qualitativos, não existindo retardos. Mesmo quando a criança disfásica adquire alguma estrutura linguística na mesma sequência em que as crianças normais o fazem, ela pode evitar o uso dessa estrutura, preferindo estruturas mais simples ou, então, os recursos não verbais de comunicação.

Outra deficiência que tem uma origem constitucional e independe do grau de instrução, da inteligência ou das oportunidades socioculturais do indivíduo é a dislexia, que consiste em uma dificuldade para ler.

Os chamados disléxicos superficiais podem ler qualquer palavra, seja familiar, seja desconhecida, desde que ela se ajuste às regras grafema-fonema. Em contrapartida, esses disléxicos são incapazes de distinguir os homófonos, como *sexta* e *cesta*, e convertem palavras em pseudopalavras (palavras que não existem em sua língua). Os psicolinguistas interpretam essas dificuldades como uma leitura "fonológica", baseada nos sons da fala, que interfere no acesso às representações ortográficas das palavras.

Os disléxicos fonológicos, por sua vez, apresentam dificuldades para ler palavras infrequentes e pseudopalavras e cometem erros visuais que os obrigam a substituir a palavra escrita por outra visualmente semelhante e usada com maior frequência. Por exemplo, a palavra *conceito* pode ser substituída por *conselho*. A explicação que se propõe é que nesses disléxicos acontece uma espécie de destruição do procedimento fonológico, mas preserva-se o procedimento lexical, ou seja, o acesso ao significado é realizado de uma maneira direta com base nos signos gráficos.

Outro tipo de dislexia é a chamada dislexia profunda, que é interpretada como uma alteração tanto da via fonológica como da direta. Os principais sintomas da dislexia profunda são a incapacidade para ler pseudopalavras, como consequência da destruição da via fonológica, e a produção de erros semânticos (de significado). Esses últimos erros (por exemplo, ler "capitão" onde está escrito *coronel* ou "quarta-feira" em vez da palavra escrita *quinta-feira*) são interpretados como uma leitura baseada no sistema semântico, ou seja, na proximidade de significado. Outros sintomas da dislexia profunda, como a dificuldade para ler certas classes de palavras – palavras abstratas, verbos, palavras funcionais (preposições, conjunções, artigos, flexões, auxiliares) –, são considerados como consequência de um mau funcionamento da via direta.

O autismo foi descrito pela primeira vez em 1943 pelo psiquiatra Leo Kanner, que concluiu que a causa desse distúrbio seria a existência de alguma falha no desenvolvimento emocional da criança (Jakubovicz, 2002). De acordo com Kanner, de cada 10 mil recém-nascidos, 5 serão autistas. Outro fato constatado pelo estudioso é que o autismo é quatro vezes mais frequente em meninos do que em meninas. Os "estados autistas" podem ser observados ocasionalmente também em pessoas que não apresentam esse distúrbio no seu dia a dia e, portanto, não poderiam ser consideradas autistas. Conforme estudos recentes, as causas do autismo podem ser de várias naturezas: desde a rubéola contraída pela mãe durante a gravidez ou a ingestão de certas substâncias químicas por ela nesse período até deformidades congênitas do feto no tronco cerebral ou na formação reticular, ou nos lobos frontais, ou, ainda, no sistema límbico, entre outras. Alguns estudos apontam também para a origem genética do autismo.

> O autismo é quatro vezes mais frequente em meninos do que em meninas.

Os sintomas apresentados por autistas também são dos mais variados, incluindo os **motores**, os **cognitivos**, os **emocionais** e os **comportamentais (sociais)**. Embora a maioria dos autistas apresente valores baixos em testes de QI, não é incomum os portadores de autismo terem habilidades específicas impressionantes em música ou matemática, por exemplo. Os estudos realizados até agora sugerem que o ponto-chave é a falha no comportamento social (isolamento autista), comportamento este que é considerado pela maioria dos estudiosos como crucial para o desenvolvimento da linguagem. O autista não se envolve na cooperação comunicativa, não demonstra o interesse pela comunicação, não estabelece e não participa dos quadros de atenção conjunta propostos e analisados por Tomasello (de acordo com o que foi visto no Capítulo 2), não desenvolve a "leitura" das intenções do outro e possivelmente não reconhece as próprias intenções. Com isso, entre as características da fala de autistas, encontramos:

- ausência do uso do pronome *eu*;
- fala monótona (linha prosódica distorcida);
- ausência da reação à fala do outro e do contato visual com o interlocutor;
- ecolalia (repetição imediata ou com atraso da última palavra do outro);
- falhas na linguagem não verbal (gestos, mímica e sorrisos inadequados).

Como podemos observar, o sujeito autista tem sua linguagem afetada de diversas formas, fato que desperta o interesse de estudiosos da linguagem humana, como os linguistas e os psicolinguistas.

Para finalizar, outra patologia que apresenta repercussões sérias na fala do portador é a síndrome da paralisia cerebral, a qual provoca, atualmente, várias discussões entre os estudiosos, que contestam até o próprio termo *paralisia* (pois a atividade cerebral não cessa). No entanto, eles concordam que a principal causa da síndrome é algum dano encefálico que provoca a disfunção cerebral. Esse dano (lesão ou defeito) pode ser congênito, pode ocorrer durante a gestação ou durante o parto ou pode acontecer nos primeiros oito anos de vida. Entre as características comuns exibidas pelos portadores dessa enfermidade estão os **transtornos motores**, que podem apresentar-se de diferentes formas. Portanto, o indivíduo com paralisia cerebral apresenta principalmente os problemas de fala relacionados aos movimentos dos músculos (fraca coordenação dos movimentos) que participam da articulação dos sons.

Com isso, observamos esforços para articular, imprecisões na articulação dos sons consonantais ou trocas desses sons, modificação na articulação dos sons vocálicos, pausas mais frequentes e mais longas e alterações prosódicas. Contudo, foram observados também **problemas sintáticos**, como a dificuldade em produzir sentenças encaixadas (subordinadas), e **semânticos**, como a direção de uma ação (ir/voltar, puxar/empurrar) e as **dificuldades na precisão de tempo, modo e aspecto**, o que sugere que as lesões não atingem apenas as áreas motoras.

> Tal como o autismo, a paralisia cerebral pode se apresentar em vários graus. Com isso, os sintomas da fala que nos interessam aqui também podem variar desde uma fluência razoável até a mudez.

> O indivíduo com a paralisia cerebral apresenta principalmente problemas de fala relacionados aos movimentos dos músculos (fraca coordenação dos movimentos) que participam da articulação dos sons.

Nos últimos anos, observa-se um forte desenvolvimento da neuropsicologia cognitiva computacional, que permite realizar simulações por computador não só dos processos cognitivos normais, como também dos transtornos produzidos por lesão cerebral. Essa nova metodologia incrementa consideravelmente nosso conhecimento sobre o funcionamento dos processos cognitivos relacionados à linguagem e sobre as características dos pacientes afásicos.

A tendência atual é a de que as simulações computacionais não sejam limitadas aos casos de perda ou deterioração de algum processo cognitivo, mas possam ser aplicadas a outros aspectos cognitivos, como as limitações de atenção ou de memória.

Síntese

Neste capítulo, abordamos diferentes assuntos relacionados às patologias da linguagem, como a perda da linguagem e os distúrbios de desenvolvimento da fala e da escrita. Nesse sentido, exibimos vários aspectos relacionados à perda da linguagem e às dificuldades da aquisição. Apresentamos o quadro geral e um pouco da história dos estudos sobre as patologias da linguagem e, além disso, tratamos de alguns conteúdos referentes à neurofisiologia. Também discutimos os diferentes tipos de afasias. Por fim, examinamos outros transtornos linguísticos bastante comuns e que podem interferir no sucesso escolar da criança. Podemos concluir, portanto, que os aspectos tratados neste capítulo permitirão ao educador estar mais consciente diante das dificuldades demonstradas por crianças na escola, além de alertá-lo, em alguns casos, sobre a necessidade de consultar especialistas das áreas médicas, pois lembremos que, chegado o período crítico, o desenvolvimento verbal será freado.

Indicações culturais

Vídeos

AFASIA de Broca. 16 set. 2012. Disponível em: <http://www.youtube.com/watch?v=IIR778K8UDs>. Acesso em: 24 jan. 2014.

AFÁSICOS. 28 nov. 2009. Disponível em: <http://www.youtube.com/watch?v=1tjSh3eYaGE>. Acesso em: 24 jan. 2014.

Amplie seu conhecimento sobre as afasias assistindo aos vídeos sugeridos.

CONVIVENDO com a dislexia. 8 fev. 2012. Disponível em: <http://www.youtube.com/watch?v=8wm0pLoPu9k>. Acesso em: 24 jan. 2014.

COMO estrelas na Terra. 5 jun. 2012. Disponível em: <http://www.youtube.com/watch?v=b6JoCCuA1w>. Acesso em: 24 jan. 2014.

Aprenda mais sobre a dislexia assistindo aos vídeos indicados.

AUTISMO. 9 jul. 2008. Disponível em: <http://www.youtube.com/watch?v=0bQ7MJ9TbvI>. Acesso em: 24 jan. 2014.

Para saber mais sobre o autismo infantil, indicamos esse vídeo.

Artigo

COELHO, D. T. Dislexia, disgrafia, disortografia e discalculia. 22 out. 2013. Disponível em: <http://www.ciec-uminho.org/documentos/ebooks/2307/pdfs/8%20Inf%C3%A2ncia%20e%20Inclus%C3%A3o/Dislexia.pdf>. Acesso em: 24 jan. 2014.

Indicamos também a leitura desse artigo, que trata de diferentes problemas de linguagem.

Atividades de autoavaliação

1. Considerando a discussão sobre os problemas e patologias da linguagem e seu desenvolvimento, analise se as afirmações a seguir são verdadeiras (V) ou falsas (F):

( ) A Libras e outras línguas de sinais foram construídas para atender às necessidades de pessoas com problemas anatômicos e/ou neurofisiológicos, que prejudicam a audição e, consequentemente, impedem a possibilidade de falar.

( ) O esquizofrênico não se apoia em suas percepções da realidade, mas o seu discurso, embora refletindo seu mundo de fantasia, sempre é dirigido ao interlocutor.

( ) Tanto os disléxicos superficiais como os fonológicos demonstram dificuldades de leitura. A diferença entre eles consiste em tipos de palavras que se apresentam como obstáculos, e a razão dessa diferença é encontrada nas desordens neurofisiológicas.

( ) Na dislexia profunda estão alterados tanto o acesso à via fonológica como o acesso direto aos significados.

Assinale a sequência correta:
a. V, F, F, V.
b. F, V, V, F.
c. V, V, F, F.
d. F, F, V, V.

2. Levando em conta o que aprendemos sobre as afasias, assinale a alternativa correta:
a. Podemos afirmar que as afasias são patologias próprias dos indivíduos de idade mais avançada que apresentam lesões cerebrais, como derrames.

b. São próprios de afásicos de Wernicke enunciados como: "Vidrinho estar sobre pia".
c. As alexias e as agrafias ou disgrafias atingem a capacidade de escrever. A alexia pode afetar também a capacidade de ler.
d. Os estudos de indivíduos com lesões cerebrais são testes dos modelos de processamento linguístico, por isso podemos considerá-los como estudos experimentais.

3. Analise as proposições sobre o estudo das afasias e assinale-as com V (verdadeiro) ou F (falso). Após, selecione a alternativa que apresenta a sequência correta:
( ) A observação do fenômeno da afasia ocorreu apenas no século XX, quando se passou a perceber que havia relação entre certas lesões cerebrais e alguns problemas da fala.
( ) Os estudos científicos das afasias surgiram com base nas descobertas do médico alemão Karl Wernicke, que comparam as lesões em várias regiões cerebrais e os problemas da linguagem correspondentes.
( ) Os estudos científicos sobre a afasia surgiram no século XIX, com a constatação do médico francês Paul Broca de que uma lesão numa certa região do hemisfério esquerdo do cérebro produzia sistematicamente deficiências na produção linguística.
( ) O médico alemão Karl Wernicke constatou que traumatismos no lóbulo temporal (lateral) originavam desordens da percepção e incapacidade para entender a linguagem oral ou escrita.
a. F, V, F, V.
b. V, F, V, F.

c. V, V, F, F.
d. F, F, V, V.

4. Quanto aos problemas de linguagem relacionados a lesões cerebrais, assinale a alternativa que apresenta corretamente as palavras que preenchem as lacunas do enunciado a seguir:

A _____ caracteriza-se por um discurso _____ com _____ dos morfemas e das palavras funcionais e _____ quase unicamente os nomes os verbos em suas formas nominalizadas e os advérbios.

a. afasia de Broca – agramatical – eliminação – permanecem.
b. afasia de Wernicke – agramatical – eliminação – desaparecem.
c. afasia de Broca – fluente – eliminação – desaparecem.
d. afasia de Wernicke – incompreensível – conservação – permanecem.

5. Quanto às desordens de linguagem, assinale a alternativa que apresenta corretamente as palavras que preenchem as lacunas do enunciado a seguir:

A _____ caracteriza-se pela _____ de termos concretos para _____ determinado objeto, que não são substituídos por paráfrases. O discurso é interrompido por longas pausas e é de difícil _____.

a. dislexia – presença – nomear – compreensão.
b. anomia – presença – lembrar – compreensão.
c. dislexia – falta – construir – expressão.
d. anomia – falta – nomear – compreensão.

Atividades de aprendizagem

Questão para reflexão

1. Escreva um pequeno parágrafo analisando a importância de o professor de línguas conhecer minimamente as características das principais afasias e patologias que podem comprometer o desempenho linguístico do indivíduo afetado.

Atividades aplicadas: prática

1. Assista ao vídeo *Afasia de Broca*, sugerido na seção "Indicações culturais", e escreva um comentário sobre as principais características dessa afasia com base no que foi estudado neste capítulo.

2. Escolha um dos problemas de linguagem estudados neste capítulo e realize uma pesquisa sobre suas causas, possíveis tratamentos etc.

um   psicolinguística: objeto, história,
          métodos e fundamentos
          neurofisiológicos da linguagem
dois   aquisição da linguagem
três   dificuldades na aquisição
**# quatro   desenvolvimento
          da leitura e da escrita
          em língua materna**
cinco   aprendizagem de segundas línguas
seis   estratégias de aprendizagem de idiomas

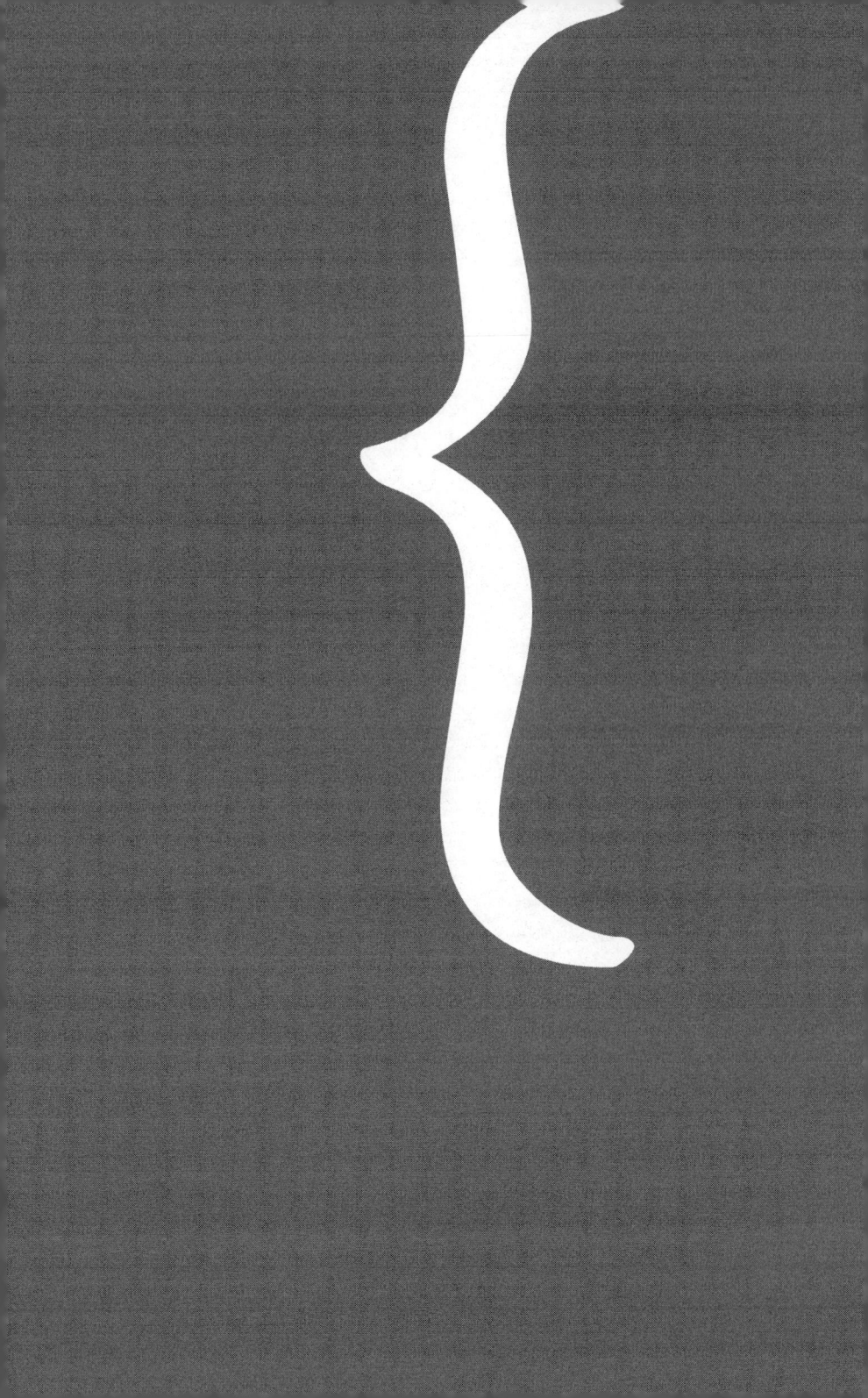

{

❧ NO SEGUNDO CAPÍTULO, apresentamos as principais teorias de aquisição de língua materna. Você deve recordar que tais teorias buscam explicar como a língua falada é adquirida pela criança em contextos naturais, ou seja, sem necessidade de ensino formal. Neste capítulo, queremos convidá-lo a explorar alguns aspectos relacionados à aprendizagem da leitura e da escrita. Começaremos nossa caminhada retomando um pouco da história do surgimento da escrita. Em seguida, evidenciaremos as semelhanças e as diferenças entre a fala e a escrita, de modo a destacar as especificidades desta última modalidade. Posteriormente, trataremos das abordagens teórico-metodológicas voltadas para a aprendizagem da escrita e de fatores envolvidos nos processos de leitura e escrita. O encaminhamento proposto objetiva ampliar a compreensão das diferenças e semelhanças entre a fala e a escrita e de fatores que podem interferir nos processos de leitura e escrita em língua materna.

quatropontoum
A escrita: um pouco de história

É fato conhecido que a fala e a escrita são dois meios de expressão das línguas humanas. No entanto, a aparição da escrita é relativamente recente na história da humanidade, pois teria surgido no Oriente Médio há aproximadamente cinco mil anos. Nesse sentido, considera-se que a necessidade individual de se expressar e a necessidade social de se comunicar são intrínsecas ao homem e que, por essa razão, o homem primitivo passou a desenhar sobre a superfície de objetos com o objetivo de expressar suas ideias visualmente.

> **Importante!**
>
> Com o tempo, a expressão visual desenvolveu-se em duas direções: o desenho como arte e o sistema pictográfico para comunicação. Inicialmente, a escrita pictográfica não apresentava uma relação direta com a fala. Esse sistema foi a base da escrita cuneiforme e dos hieróglifos, origem de todas as formas de escrita; entretanto, posteriormente caminhou para a sua representação por meio de estilização e convencionalização, tornando-se um simbolismo de segunda ordem (Kato, 2003).

Os logogramas surgiram, então, como resultado desse processo de estilização e convencionalização dos pictogramas. Para ilustrar essa transição, apresentamos no Quadro 4.1 diferentes fases das representações dos sumérios para o objeto *estrela*.

Quadro 4.1 – Do pictograma ao logograma

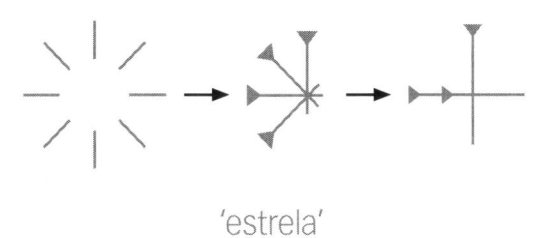

'estrela'

FONTE: Kato, 2003, p. 14.

Enquanto na primeira imagem do Quadro 4.1 temos um pictograma de *estrela*, as duas últimas são exemplos da escrita cuneiforme dos sumérios, que demonstram o processo de estilização e convencionalização do pictograma.

Mais tarde, os fenícios contribuíram para a consolidação da escrita lexical-silábica, derivada dos hieróglifos egípcios e constituída por 24 símbolos formados apenas por consoantes. Um exemplo de língua que ainda mantém o sistema silábico atualmente é o japonês.

Os gregos basearam-se no silabário fenício para criar a escrita alfabética. O que antes era feito sem seguir qualquer regra pelos fenícios – como a inserção de vogais depois de consoantes – entre os gregos se tornou uma norma. Desse modo, passou-se da escrita silábica para a escrita alfabética. Tal é a importância da invenção da escrita alfabética que Gelb (1962), citado por Kato (2003, p. 16), chega a considerar que não houve nenhuma inovação significativa na história da escrita depois da descoberta do sistema alfabético, no século X a.C.

{ Um exemplo de língua que ainda mantém o sistema silábico atualmente é o japonês.

> O nosso sistema de escrita é considerado alfabético e fonético. Ele
> consiste na representação dos sons de determinada língua pelas
> letras de seu alfabeto, porém nem sempre as letras correspondem
> exatamente aos sons da língua. Assim, podemos dizer que nossa
> escrita não é exclusivamente fonética.

quatropontodois
Características da linguagem falada e da linguagem escrita

A fala e a escrita são entendidas como modalidades diferenciadas dentro de um mesmo sistema linguístico, como é o caso do sistema da língua portuguesa, e podem expressar as mesmas intenções comunicativas. Com base nessas considerações, é natural que nos questionemos sobre qual seria a natureza das diferenças entre essas duas modalidades, não é mesmo?

De acordo com Fávero, Andrade e Aquino (2005), fala e escrita diferenciam-se, principalmente, quanto às condições de produção. Enquanto a linguagem falada normalmente é usada nas interações face a face, o uso da escrita predomina nas interações a distância. Outra diferença está no fato de que, nas interações faladas, por serem construções coletivas, a reformulação pode ser promovida tanto pelo falante como pelo interlocutor; já nas produções escritas, que são criações individuais, a reformulação é promovida apenas pelo escritor. Por fim, se o texto falado mostra todo o seu processo de criação, sendo planejado (quase) simultaneamente à produção, o texto escrito permite o planejamento prévio à produção e a possibilidade de revisão.

Ressaltamos, porém, que a consideração dessas diferenças relacionadas às condições de produção da fala e da escrita não significa que essas duas modalidades devam ser vistas de forma dicotômica e estanque, como se supôs num passado não muito longínquo.

> De acordo com Fávero, Andrade e Aquino (2005), fala e escrita diferenciam-se, principalmente, quanto às condições de produção.

Nos primeiros trabalhos sobre o tema, considerava-se a fala como não planejada, presa ao contexto de produção, voltada para as necessidades mais imediatas, fragmentada e dispersa. A escrita, por outro lado, era caracterizada como planejada, não fragmentada, mais ligada à cultura de um povo e à elaboração intelectual, coesa e bem estruturada. Tal polarização omitia o fato de que fala e escrita podem ser empregadas em situações diversas, formais ou informais.

Nesse sentido, Marcuschi (2001) postula que fala e escrita não se opõem, mas se completam, havendo uma continuidade entre ambas. Segundo esse autor, as diferenças entre ambas ocorrem dentro de um *continuum* tipológico e devem ser vistas e analisadas dentro da perspectiva do uso, não como traços intrínsecos. Assim, critérios como o meio (oral ou escrito), a proximidade/distância e o maior ou menor envolvimento entre os interlocutores são levados em conta para situar as diversas produções textuais ao longo desse contínuo. Portanto, enquanto a conversação face a face, como conversas coloquiais espontâneas, situa-se num dos extremos do *continuum*, a escrita formal, como os textos acadêmicos, situa-se no outro.

A ideia de *continuum*, proposta por Marcuschi, traz uma perspectiva mais abrangente para o estudo das relações entre a fala e a escrita, pois permite considerar o fato de que há muitos textos escritos que se aproximam mais ao polo da fala (bilhetes, cartas familiares, textos humorísticos etc.) e de que há textos falados que estão mais próximos ao polo da escrita formal (conferências, discursos políticos, entrevistas formais etc.).

quatropontotrês
Abordagens teórico-metodológicas da aprendizagem da escrita

Em diferentes momentos da História, considerando-se o surgimento das diversas abordagens teóricas que buscavam explicar a aquisição da fala pela criança, observa-se também a preocupação de estudiosos em compreender e explicar o processo de aprendizagem da escrita. Na sequência, sintetizaremos as principais abordagens teórico-metodológicas sobre o tema em questão, conforme Soares (2004). Segundo essa autora, as mudanças de paradigmas teóricos no campo da alfabetização nas últimas três décadas consistem em:

- um **paradigma behaviorista**, dominante entre os anos de 1960 e 1970, que concebe a aprendizagem da escrita como

decorrente de estímulos externos, repetição, criação de hábitos etc.;
* um **paradigma cognitivista**, nos anos de 1980 (difundido no Brasil como construtivismo e, posteriormente, como socioconstrutivismo), que evolui para um **paradigma sociocultural**, a partir dos anos 1990, abarcando a perspectiva de letramento.

Se, por um lado, a transição da teoria behaviorista para a teoria cognitivista representou uma mudança drástica de paradigma, por outro, a transição da teoria cognitivista para a perspectiva sociocultural pode ser vista como um aprimoramento daquela, e não em termos de uma grande mudança paradigmática.

O paradigma cognitivista ganhou força no Brasil por meio das pesquisas e estudos sobre a psicogênese da língua escrita, de Emilia Ferreiro. Como afirma Soares (2004), essa perspectiva alterou significativamente a concepção do processo de construção da representação da língua escrita pela criança. Esta deixa de ser considerada como dependente de estímulos externos para aprender o sistema de escrita – concepção presente nos métodos de alfabetização influenciados pelo paradigma behaviorista até então em uso – e passa a ser "sujeito ativo capaz de progressivamente reconstruir esse sistema de representação, interagindo com a língua escrita em seus usos e práticas sociais" (Soares, 2004, p. 10-11).

A visão interacionista rejeita uma ordem hierárquica de habilidades e defende que a aprendizagem se dá por uma progressiva construção do conhecimento, na relação da criança com a língua escrita. As dificuldades da criança no processo de desenvolvimento da escrita, que são consideradas "deficiências" ou "disfunções" na perspectiva dos métodos "tradicionais", passam a ser vistas como "erros construtivos", resultado de constantes reestruturações.

Com base nessas considerações, Soares (2004) reconhece a importante contribuição que a perspectiva cognitivista trouxe para a compreensão da trajetória da criança em direção à descoberta do sistema alfabético. No entanto, a autora também aponta alguns problemas da concepção de alfabetização orientada pela tendência cognitivista. Assim, resumimos a seguir os principais aspectos vistos como problemáticos por Soares (2004, p. 11):

- a concepção cognitivista de alfabetização trouxe uma condução insatisfatória do processo, levando a uma "perda de especificidade do processo de alfabetização";
- ao se privilegiar a faceta psicológica da alfabetização, deixou-se de lado a faceta linguística, que envolve tanto o sistema alfabético como o ortográfico, o qual apresenta relações convencionais e muitas vezes arbitrárias entre fonemas e grafemas;
- falso postulado de que apenas por meio do convívio intenso com o material escrito que circula nas práticas sociais é que a criança se alfabetiza;
- obscurecimento da alfabetização, como processo de aquisição do sistema convencional de uma escrita alfabética e ortográfica, pelo letramento, decorrente da interação da criança com o material escrito e de experiências com práticas sociais de leitura e escrita.

Por fim, encabeçando uma vertente crítica da desconsideração dos processos de alfabetização no paradigma cognitivista, Soares (2004) entende a alfabetização e o letramento como dimensões diferenciadas, que vão exigir o uso de metodologias também diferenciadas. Contudo, isso não significa que uma deve prevalecer sobre a outra. Ao contrário, deveriam ser vistas como processos interdependentes, indissociáveis e simultâneos.

> **Importante!**
>
> Na perspectiva defendida por Soares (2004), alfabetização e letramento deveriam ser vistos como processos complementares, e não excludentes.

O letramento pressupõe a participação ativa da criança no mundo da linguagem escrita, entrando em contato com uma diversidade de gêneros textuais, de forma a adquirir experiências ligadas à cultura escrita da sociedade. Utilizando a definição de Soares (1999, p. 3, grifo do original), *letramento* é o "estado ou condição de quem não só sabe ler e escrever, mas exerce as práticas sociais de leitura e escrita que circulam na sociedade em que vive, conjugando-as com as práticas sociais de interação oral". Nessa perspectiva, ser letrado é ser capaz de ir além da literalidade dos textos e interpretá-los em relação com outros textos e discursos (Rojo, 2004).

{ Ser letrado é ser capaz de ir além da literalidade dos textos e interpretá-los em relação com outros textos e discursos (Rojo, 2004).

No processo de alfabetização, há estudo sistemático do código escrito, de modo que a criança possa desenvolver a habilidade de reconhecer as relações entre os sons da fala e as letras que representam esses sons.

quatropontoquatro
Perspectivas teóricas sobre leitura e produção escrita

Iniciamos este tópico sobre leitura convidando você a refletir sobre a seguinte questão:

> O que seria mais importante para a alfabetização de uma criança: aprender a ler ou a escrever? Tente imaginar algumas justificativas para sua resposta antes de seguir com a leitura do texto.

Cagliari (2009, p. 114) defende que o **segredo da alfabetização é a leitura**, considerando que "para alguém ser alfabetizado não precisa aprender a escrever, mas sim aprender a ler". Nessa perspectiva, a alfabetização ocorre quando o aprendiz descobre como o sistema de escrita funciona, quando aprende a ler, a decifrar a escrita. Assim, "quem escreve deve guiar-se necessariamente pelos conhecimentos da decifração da escrita".

No ato da escrita, deve-se pensar em como o leitor fará para descobrir o que foi escrito. Dessa forma, o autor elucida que o segredo da alfabetização é o processo de compreensão do sistema gráfico, o que acontece na atividade de leitura. Tendo como base essa constatação, Cagliari (2009) enfatiza que a falha da escola está no fato de privilegiar atividades de escrita – como a cópia, a prática de caligrafia e o ditado – na alfabetização.

Em muitos aspectos, os atos de ler e escrever assemelham-se aos atos de ouvir e falar, pois também são atividades de comunicação. No entanto, a leitura envolve processos diferenciados, os quais dependem de diversos fatores, tais como:

+ o grau de maturidade do leitor;
+ o nível de complexidade do texto;
+ o objetivo da leitura;
+ o grau de conhecimento prévio do assunto tratado;
+ o estilo individual do leitor;
+ o gênero do texto etc. (Kato, 2003).

Como sabemos, a forma de vermos determinado objeto depende da perspectiva em que nos posicionamos em relação a esse objeto. Do mesmo modo, o entendimento do que é leitura dependerá da abordagem teórica adotada. Assim, se numa **perspectiva social** a leitura é entendida como uma prática de inclusão social, em que se consideram conceitos de capacidade crítica e de exercício da cidadania, numa **perspectiva cognitiva** a leitura é concebida como processo cognitivo, o que implica o estudo de aspectos como inferências, predição e memória (Strey, 2012).

4.4.1 Modelos de leitura

Assim como tantos outros aspectos relacionados à linguagem, o entendimento do que é leitura também sofreu variações ao longo do tempo, passando de mera decodificação de sinais gráficos a processo de atribuição de sentidos ao escrito e, mais recentemente, como resultado do processo de interação entre leitor e autor, mediada pelo texto, constituindo-se em prática social. Nesse sentido, Moita Lopes (1996) reúne as abordagens de leitura em três grandes linhas teóricas: modelo ascendente, modelo descendente e modelo interativo, sendo a principal diferença entre eles a direção do fluxo de informação. Vamos conhecer um pouco mais sobre esse tema?

A noção central do modelo ascendente (*bottom-up*), de orientação estruturalista, é a de que a leitura é basicamente uma questão de decodificação dos símbolos escritos (letras, sílabas, palavras) em seus equivalentes orais. Nessa perspectiva, o sentido está unicamente no texto, e cabe ao leitor, no processo de leitura, desvendar e extrair tal sentido, exercendo, portanto, um papel passivo. A denominação *ascendente* refere-se justamente à direção do fluxo de informação, que vai do texto para a mente do leitor (Jerônimo, 2012).

Segundo Coracini (2002, p. 13), essa postura teórica "que defende o texto como única fonte de sentido, provém de uma visão estruturalista e mecanicista da linguagem, segundo a qual o sentido estaria arraigado às palavras e às frases". A leitura é vista como um processo linear em que só podemos encontrar o significado do texto após a sua leitura completa, ou seja, tem-se uma concepção de leitura como produto.

> ## Questão para reflexão
>
> Uma das críticas feitas ao modelo ascendente refere-se à pressuposição de significado único existente no texto. Na prática, vemos que o processo de leitura não é tão simples assim, uma vez que pode haver diferentes leituras para o mesmo texto, até mesmo pelo mesmo leitor em diferentes momentos de sua vida, você concorda?

Por outro lado, a **abordagem descendente** (*top-down*), de orientação cognitivista, atribui um papel ativo ao leitor no processo da leitura, uma vez que o sentido é construído com base no conhecimento de mundo do leitor. A principal diferença desse modelo em relação ao outro é que o texto passa a ser visto como um **objeto indeterminado**, dependente de uma participação mais ativa do leitor, que precisa utilizar seu conhecimento linguístico, seu conhecimento de mundo e fazer previsões e inferências para construir o sentido a partir da leitura. Esta, por sua vez, é vista como processo de atribuição de sentido ao escrito mediante a formulação de hipóteses (tendo como base o título ou elementos gráficos, por exemplo) e busca de indícios no texto que confirmem ou refutem tais hipóteses.

> ### Importante!
>
> Uma das críticas ao modelo descendente é que não há menção a aspectos sociais e discursivos da leitura. Qualquer explicação para leituras com diferentes sentidos baseia-se apenas no conhecimento de mundo do leitor, e considera-se que há uma supervalorização deste, deixando as informações do texto em segundo plano.

Já o **modelo interativo** propõe a integração dos dois modelos anteriores. O impacto do modelo descendente levou a uma tendência a se considerar esse procedimento (modelo descendente) como substituto do modelo ascendente, porém os dois tipos de fluxo de informação devem ser vistos como complementares, pois operam interativamente na leitura. Dessa forma, podemos considerar que a interação no processo de leitura se dá em diferentes dimensões:

- interação entre os conhecimentos (esquemas) do leitor e do autor, ambos posicionados em um momento sócio-histórico;
- interação entre o leitor e o texto; e
- interação entre o conhecimento de mundo do leitor e o seu conhecimento linguístico.

> A concepção de leitura interativa parte do pressuposto de que a leitura não é uma simples atividade de decodificação de itens linguísticos, mas um processo dinâmico de construção de sentidos fundamentado na integração do conhecimento prévio que o leitor traz consigo com as formas linguísticas presentes no texto.

Nessa perspectiva, o leitor deixa de ser um mero receptor de mensagens e assume o papel de coautor, já que a construção do sentido do texto passa pelas relações que o leitor estabelece entre seu conhecimento anterior e o conhecimento construído com base na leitura. O significado não está nem no texto, nem no leitor, mas no processo de interação entre leitor e escritor por meio do texto.

quatropontocinco
Fatores que dificultam a aprendizagem da leitura e da escrita

Tradicionalmente, as dificuldades na aprendizagem da leitura e da escrita têm sido motivo de preocupação para pais e professores, que, muitas vezes, não entendem as possíveis razões de tais dificuldades. No que se refere à leitura, também é, no mínimo, preocupante o fato de o Brasil estar em uma das últimas posições na prova do Programa Internacional de Avaliação de Alunos (Pisa), que avalia a capacidade de leitura e é aplicada a estudantes na faixa dos 15 anos. Tomando como exemplo as duas últimas provas, em 2009 o Brasil ficou em 53º lugar e em 2012 em 55º, atrás de países como Albânia, Chile, Uruguai e México, para citar alguns*.

Nesse sentido, Kato (2003, p. 121-136) identifica uma série de fatores que podem trazer certas dificuldades quando se trata de aprender a ler e escrever:

+ Antecedentes sociais e dialetais – O conhecimento (incluindo o conhecimento linguístico) que a criança traz quando inicia seus estudos na escola é um fator importante na determinação de seu (in)sucesso na alfabetização. As diferenças dialetais também podem gerar algumas

---

* Esses dados foram obtidos no *site* da Organização para Cooperação e Desenvolvimento Econômico (OCDE), nos seguintes endereços: <http://www.oecd.org/pisa/46643496.pdf> e <http://www.oecd.org/pisa/keyfindings/PISA-2012-results-brazil.pdf> (necessário conhecimento em língua inglesa).

dificuldades, como é o caso daquelas crianças que falam *leiti*, mas, ao ler, encontram a forma *leite*. Como forma de minimizar esses problemas, propõe-se que a iniciação à leitura ocorra por meio de textos autênticos, escritos em norma-padrão. Quanto à iniciação à produção escrita, recomenda-se que haja maior tolerância com os desvios dialetais nessa fase inicial, em que deveria haver maior ênfase na fluência na escrita, e não na precisão gramatical ou ortográfica.

- A experiência individual com a linguagem – Ressalta-se a importância da experiência anterior à escola. Crianças que ouviram histórias, desenharam ou viram os pais lendo e escrevendo têm mais vantagens para iniciar sua alfabetização, pois já desenvolveram hipóteses sobre as funções da escrita.
- A transição entre gêneros de texto – Para que essa transição entre gêneros não seja tão traumática para a criança, Kato sugere que, ao se introduzirem a escrita e a leitura, parta-se do gênero escrito mais próximo do oral, como ilustra o esquema a seguir:

> História em quadrinhos → Peça teatral →
>
> História com gravuras de fundo →
>
> História sem gravuras

- O múltiplo controle das atividades – Quanto a esse fator, a autora propõe que a escola ajude a criança a planejar suas atividades em níveis macroestruturais, trabalhando aspectos como a coerência, a compreensão, a geração e organização de ideias. Primeiramente, estimula-se a fluência, não a correção. Depois, a própria criança faz a revisão de seu texto.

* A relativa autonomia do texto escrito – Na escrita, o redator está sozinho e atua também como leitor do próprio texto. Esse duplo papel representa uma grande dificuldade para o aprendiz, pois interpretar o próprio texto é mais difícil que interpretar o texto de outros, por causa dessa mudança de papéis. A leitura, por sua vez, também é uma atividade solitária, uma vez que aquele que lê tenta interpretar, normalmente sozinho, algo que outra pessoa escreveu.

* As expectativas e metas do professor – As atitudes e concepções do professor determinam o tipo de intervenção escolar no processo de aprendizagem. Assim, um professor "dificultador", que conceba a escrita como autônoma em relação à fala, não aproveita a experiência oral que o aluno traz para a escola e ignora a fala do aprendiz, fazendo com que os antecedentes dialetais realmente dificultem sua aprendizagem. Por outro lado, um professor "facilitador", que considere a fala e a escrita como parcialmente similares, aproveita a experiência prévia do aluno com a linguagem oral e tem maior clareza em relação ao que esperar desse aluno em cada etapa do processo de aprendizagem.

Síntese

Neste capítulo, abordamos diferentes aspectos relacionados ao desenvolvimento da leitura e da escrita em língua materna.

Começamos pela história do surgimento da escrita, essa forma de expressão tão importante para a conservação da memória histórica de uma sociedade. Posteriormente, consideramos as características da fala e da escrita como modalidades diferenciadas pertencentes ao mesmo sistema linguístico. Nesse sentido, observou-se que fala e escrita não são modalidades dicotômicas e que as diferenças entre ambas ocorrem em um *continuum* tipológico e devem ser analisadas dentro da perspectiva do uso. Quanto às abordagens teórico-metodológicas da aprendizagem da escrita, verificou-se um amplo alcance do paradigma cognitivista a partir dos anos de 1980, com desdobramentos significativos na área da alfabetização. Atualmente, porém, têm sido questionados certos postulados dessa perspectiva teórica no que se refere à alfabetização. A partir da ideia de que uma alfabetização bem-sucedida depende da aprendizagem da leitura, abordamos três dos principais modelos de leitura considerados na literatura da área, em que o modelo interativo se apresenta como uma abordagem mais ampla do processo de leitura, que permite articular os dois modelos anteriores (ascendente e descendente). Por fim, comentamos a respeito de alguns dos fatores que podem interferir nos processos de leitura e escrita em língua materna.

Indicações culturais

Vídeo

HISTÓRIA da escrita: do papiro ao computador. 12 mar. 2012. Disponível em: <https://www.youtube.com/watch?v=r7yeiRtc1fA>. Acesso em: 24 jan. 2014.

Visando ampliar seu conhecimento sobre o surgimento da escrita, sugerimos que você assista ao vídeo indicado.

Livro

PEREIRA, V. W.; GUARESI, R. (Org.). Estudos sobre leitura: psicolinguística e interfaces. Porto Alegre: EdiPUCRS, 2012. Disponível em: <http://ebooks.pucrs.br/edipucrs/estudossobreleitura.pdf>. Acesso em: 24 jan. 2014.

Essa indicação de leitura pode enriquecer seu entendimento das possibilidades de estudo sobre leitura na perspectiva da psicolinguística.

Atividades de autoavaliação

1. Considerando as abordagens teórico-metodológicas da aprendizagem da escrita, analise se as afirmações a seguir são verdadeiras (V) ou falsas (F):

    ( ) A abordagem cognitivista postula que a aprendizagem do sistema de escrita pela criança é dependente de estímulos externos e criação de hábito.

    ( ) No paradigma cognitivista, a criança passa a desempenhar um papel ativo no processo de (re)construção do sistema de representação da escrita, interagindo com a língua escrita em seus usos e práticas.

( ) No paradigma behaviorista, as dificuldades da criança no processo de desenvolvimento da escrita passam a ser vistas como erros construtivos, resultado de constantes reestruturações.

( ) Uma das ressalvas que têm sido feitas à concepção de alfabetização orientada pela tendência cognitivista refere-se à consideração de que, ao se privilegiar a faceta psicológica da alfabetização, deixou-se de lado a faceta linguística, que envolve tanto o sistema alfabético como o ortográfico.

Assinale a sequência correta:
a. V, F, F, V.
b. F, V, F, V.
c. V, V, F, F.
d. F, F, V, V.

2. Considerando os fatores que dificultam a aprendizagem da leitura e da escrita em língua materna, assinale a alternativa correta:
a. O grau de conhecimento linguístico que a criança traz quando entra para a escola não tem se mostrado um fator relevante na determinação de seu sucesso ou insucesso na alfabetização.
b. Como forma de minimizar algumas dificuldades decorrentes de diferenças dialetais na fase de alfabetização, propõe-se que a iniciação à leitura ocorra por meio de textos autênticos, escritos em norma-padrão.
c. Quanto à iniciação à produção escrita, recomenda-se que haja pouca tolerância com os desvios dialetais nessa fase inicial,

em que deveria haver maior ênfase na precisão gramatical ou ortográfica.

d. Dado que as concepções do professor determinam o tipo de intervenção escolar no processo de aprendizagem, tem-se como um professor "dificultador" aquele que considera a fala e a escrita parcialmente similares e aproveita a experiência prévia do aluno com a linguagem oral.

3. Analise as proposições a seguir, sobre as condições de produção do texto falado e do texto escrito e assinale-as com V (verdadeiro) ou F (falso). Após, selecione a alternativa que apresenta a sequência correta:

( ) Na escrita a reformulação pode ser promovida tanto pelo autor como pelo interlocutor; já na fala esse processo cabe apenas ao locutor.

( ) Enquanto na fala a reformulação pode ser promovida tanto pelo falante como pelo interlocutor, na escrita esse processo cabe apenas ao escritor.

( ) Enquanto o texto falado tende a esconder seu processo de criação, mostrando apenas o resultado, o texto escrito mostra todo o seu processo de criação.

( ) Enquanto o texto escrito tende a esconder seu processo de criação, mostrando apenas o resultado, o texto falado mostra todo o seu processo de criação.

a. F, V, F, V.
b. V, F, V, F.
c. V, V, F, F.
d. F, F, V, V.

4. Quanto às características da fala e da escrita, assinale a alternativa que apresenta a sequência correta de palavras que preenchem as lacunas do enunciado a seguir:

As _____ entre fala e escrita ocorrem dentro de um _____ e devem ser vistas e analisadas dentro da perspectiva do _____, não como características intrínsecas.

a. semelhanças – *continuum* tipológico – uso.
b. semelhanças – limite tipológico – uso.
c. diferenças – contexto – interlocutor.
d. diferenças – *continuum* tipológico – uso.

5. Quanto à distinção entre alfabetização e letramento, assinale a alternativa que apresenta a sequência correta de palavras que preenchem as lacunas do enunciado a seguir:

O processo de _____ envolve _____ do _____, de modo que a criança possa desenvolver a habilidade de reconhecer as relações entre os sons da fala e _____ que representam esses sons.

a. alfabetização – o estudo sistemático – código escrito – as letras.
b. alfabetização – o estudo assistemático – texto – as letras.
c. letramento – o estudo sistemático – código escrito – as letras.
d. letramento – o estudo sistemático – alfabeto – as palavras.

Atividades de aprendizagem

Questão para reflexão

1. Uma proposta de atividade de leitura que se limite ao aspecto da decodificação, com ênfase, por exemplo, em exercícios de reconhecimento vocabular, parte de qual modelo de leitura? Procure justificar sua resposta.

Atividade aplicada: prática

1. Apesar do tempo, a pictografia continua sendo utilizada em alguns contextos nas sociedades contemporâneas. Procure exemplos de sinalizações que são autoexplicativas.

{

um   psicolinguística: objeto, história,
         métodos e fundamentos
         neurofisiológicos da linguagem
dois   aquisição da linguagem
três   dificuldades na aquisição
quatro   desenvolvimento da leitura e da escrita
         em língua materna
cinco **aprendizagem**
         de segundas línguas
seis   estratégias de aprendizagem de idiomas

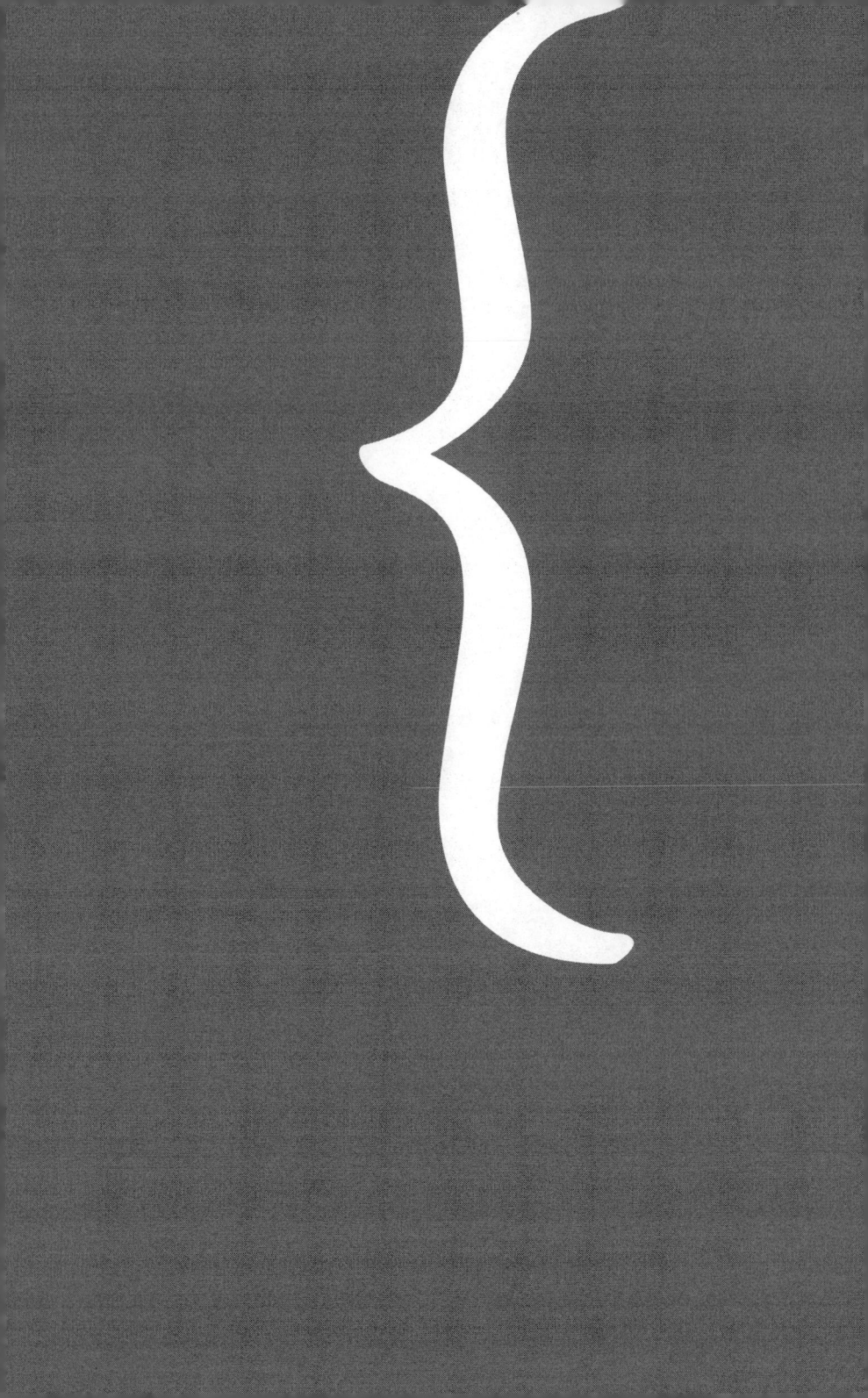

❰ INICIAREMOS ESTE CAPÍTULO abordando o fenômeno do bilinguismo para, em seguida, apresentarmos as principais diferenças entre aquisição de língua materna e aprendizagem de segundas línguas. Neste livro, utilizaremos o termo *segunda língua* (L2) para nos referirmos a qualquer outra língua que não seja a primeira aprendida, ou seja, L2 pode referir-se também a uma terceira e/ou demais línguas. Na sequência, trataremos das principais perspectivas teóricas para a aprendizagem de L2 e dos fatores que interferem na aprendizagem de línguas não maternas. Por fim, analisaremos diferenças individuais dos aprendizes que, em maior ou menor medida, também podem atuar como condicionantes do grau de aprendizagem de uma L2. Portanto, a ampliação de conhecimentos sobre o bilinguismo, a compreensão das diferenças entre aquisição de língua materna (L1) e aprendizagem de L2 e a apresentação das teorias de aprendizagem de L2 e dos fatores que afetam tal aprendizagem constituem os principais objetivos do presente capítulo.

cincopontoum
O bilinguismo

Os estudos precursores sobre bilinguismo, no início do século XX, eram, de modo geral, intuitivos e careciam de fundamentação teórica e metodológica. Esses estudos iniciais partiam da suposição de que o bilinguismo reduzia a inteligência dos sujeitos, resultando em confusão intelectual.

As primeiras pesquisas de caráter científico acerca dos efeitos do bilinguismo sobre a inteligência surgiram a partir dos anos 1960, com o início da consolidação da psicolinguística como disciplina. Nessa época, portanto, passou-se a uma abordagem mais positiva do bilinguismo e seus efeitos, o que, segundo Zimmer, Finger e Scherer (2008, p. 7), está relacionado a um estudo realizado por Peal e Lambert (1962) que causou grande impacto e que atualmente é visto como "divisor de águas" nas pesquisas na área. A citação a seguir apresenta uma breve descrição do estudo mencionado.

> Com base nas constatações vigentes na época, os autores partiram da hipótese inicial de que tanto os monolíngues quanto os bilíngues testados iriam obter os mesmos escores em medidas cognitivas não verbais, embora os bilíngues pudessem ter um desempenho melhor nas medidas verbais. Na análise do desempenho de um grupo seleto de crianças falantes de francês e inglês, os pesquisadores confirmaram a vantagem linguística dos bilíngues, mas também encontraram uma inesperada vantagem

dos bilíngues em algumas medidas cognitivas não verbais envolvendo reorganização simbólica (raciocínio intelectual), entre outras. (Zimmer; Finger; Scherer, 2008, p. 7)

Com base em tais resultados, Peal e Lambert (1962) passaram a defender que a utilização de mais de uma língua pelos sujeitos bilíngues favoreceria o desenvolvimento de sua percepção de que pode haver mais de uma forma de conceber as coisas do mundo, contribuindo para que eles percebam e interpretem o mundo com mais flexibilidade. Essa ideia de que o bilinguismo proporciona maior flexibilidade ao pensamento continua vigente na atualidade, com evidências cada vez mais fortes (Zimmer; Finger; Scherer, 2008).

De modo geral, as pesquisas psicolinguísticas sobre o fenômeno do bilinguismo se dividem em dois tipos principais:

+ experimentais, quando se pretende investigar questões relacionadas ao grau de bilinguismo; e
+ teóricas, se o que se pretende é compreender os mecanismos da mente do indivíduo bilíngue em comparação com o monolíngue.

> A ideia de que o bilinguismo proporciona maior flexibilidade ao pensamento continua vigente na atualidade, com evidências cada vez mais fortes (Zimmer; Finger; Scherer, 2008).

No que se refere à ideia do que é ser monolíngue ou bilíngue, é comum encontrarmos algumas crenças equivocadas. Um desses equívocos diz respeito à crença de que existem pessoas totalmente monolíngues. Isso porque, sobretudo no mundo globalizado em que vivemos, qualquer indivíduo, de forma intencional ou não, incorpora estrangeirismos a sua língua. A maioria das pessoas tem algum tipo de contato com outras línguas, por meio de músicas, filmes e publicidade, por exemplo. Lembremos também que em certas sociedades, como as africanas, os indivíduos conhecem pelo menos mais uma língua local além da sua, sendo isso algo natural e até mesmo vital para esses povos.

> ### Questão para reflexão
> Ao se tratar do bilinguismo, surge uma pergunta inevitável: Quando podemos afirmar que uma pessoa é, de fato, bilíngue? Ou melhor, existe um grau de proficiência mínimo para que alguém seja considerado bilíngue?

Essa não é uma questão fácil de responder, assim como não é fácil determinar qual seria o produto final do bilinguismo, uma vez que dificilmente alguém poderá expressar-se de forma igualmente perfeita em duas línguas. Assim, considera-se que o "bilinguismo absoluto é uma abstração teórica, pois qualquer falante bilíngue sempre apresentará diferenças no domínio e no uso das línguas. Essas diferenças podem ser estruturais e/ou funcionais, de tal modo que uma das línguas é usada mais e melhor sempre ou em algumas situações específicas" (Godoy; Senna, 2011, p. 105-106). É o que ocorre, por exemplo, quando o falante bilíngue utiliza mais uma das línguas para fins profissionais ou acadêmicos e a outra para as relações familiares. Quanto a esse aspecto, Grosjean (1985, 1998), citado por Zimmer, Finger e Scherer (2008, p. 4), afirma que "um indivíduo bilíngue não é a soma de dois monolíngues". Isso porque as pessoas bilíngues tendem a usar cada uma de suas línguas para diferentes finalidades, em contextos específicos e ao comunicar-se com interlocutores diferentes.

> Assim, considera-se que é praticamente impossível alcançar uma proficiência total em duas ou mais línguas, levando-se em conta as quatro habilidades linguísticas (fala, escrita, compreensão auditiva e leitora) e cada um dos subcomponentes linguísticos de cada língua (morfologia, sintaxe, semântica, pragmática, discurso e fonologia).

Nesse sentido, cabe considerar também a existência de atitudes específicas de cada sociedade. Por exemplo, na Europa, o bilinguismo é visto favoravelmente, mas as pessoas têm uma exigência muito alta sobre quem deveria ser considerado bilíngue, pois se espera que o bilíngue conheça perfeitamente ambas as línguas, que não tenha sotaque e, em alguns países, que tenha crescido com suas duas (ou mais) línguas. Com base nesses requisitos, poucas pessoas consideram-se realmente bilíngues. Por outro lado, é muito provável que os bilíngues não encontrem tais exigências nos Estados Unidos, país em que o bilinguismo é bastante diversificado – estima-se que mais de 50 milhões de habitantes desse país utilizam duas ou mais línguas em seu dia a dia (Grosjean, 2010a).

Ao longo do tempo, foram atribuídas diferentes definições para o termo *bilíngue*, algumas delas um tanto quanto problemáticas. Segundo Zimmer, Finger e Scherer (2008, p. 5), mais recentemente têm sido considerados como bilíngues aqueles "indivíduos que conhecem e usam duas línguas, as quais não seriam necessariamente utilizadas no mesmo contexto, nem dominadas com os mesmos níveis de proficiência". Com base nessa definição, as autoras afirmam que mais da metade da população mundial poderia ser considerada bilíngue ou multilíngue. Além disso, essa noção permite-nos "compreender o bilinguismo como a habilidade de usar duas línguas, e o multilinguismo como a habilidade de usar mais do que duas línguas".

Como esclarecem Zimmer, Finger e Scherer (2008, p. 5, grifo do original), "essa definição, calcada no uso, implica uma visão dos bi/multilíngues como pessoas com **diferentes graus de competência nas línguas que usam**". Assim, é possível que pessoas bilíngues e multilíngues tenham mais ou menos fluência numa língua do que em outra e apresentem desempenhos diferentes nas línguas em função da situação de uso e do propósito comunicativo, entre outros motivos.

Já há algum tempo, um número considerável de psicolinguistas tem se preocupado em pesquisar se a aquisição de duas línguas teria algum efeito sobre a cognição do indivíduo. Apesar do grande número de pesquisas sobre o tema nos últimos anos, existem ainda vários pontos obscuros. No entanto, há consenso nas pesquisas sobre bilinguismo de que, independentemente da idade, pessoas que dominam mais de uma língua demonstram capacidades notáveis de se apropriarem de diferentes idiomas.

O estudo do bilinguismo, sobretudo do bilinguismo com grau de competência elevado em duas línguas, envolve questões como as seguintes:

- Como a memória do indivíduo bilíngue está organizada?
- Como é o desenvolvimento ontogenético de um bilíngue e quais são os princípios utilizados para a aprendizagem linguística?
- Haveria algum fundamento biológico específico que explique a condição bilíngue?

> Independentemente da idade, pessoas que dominam mais de uma língua demonstram capacidades notáveis de se apropriarem de diferentes idiomas.

No que diz respeito à questão da **memória do bilíngue**, em falantes com alta competência nas duas línguas se observou uma tendência à interdependência das memórias, contrariando a hipótese de que as duas memórias operariam separadamente.

A aquisição simultânea de duas línguas na primeira infância – de 0 a 5 anos – constitui um dos temas mais estudados na área da psicolinguística. Assim, como exposto em Godoy e Senna (2011, p. 110), com base em inúmeros estudos, chegou-se a uma relativa caracterização da aquisição de duas línguas pela criança:

a. O bilinguismo não interfere negativamente no desenvolvimento psíquico da criança. Estudos indicam que, além da aceleração no desenvolvimento cognitivo, há uma compreensão precoce, pela criança, de que um objeto pode ter diferentes nomes, ou seja, ela é capaz de perceber que uma "maçã" pode se chamar *apple* (inglês), *manzana* (espanhol), *pomme* (francês), яблоко ['jabloka] (russo) etc.

Figura 5.1 – Diferentes nomes para o mesmo objeto

Prostock-studio/Shutterstock

b. Diferentes componentes da língua (fonológico, morfológico, sintático etc.) são adquiridos paralelamente.
c. A criança bilíngue desenvolve, precocemente, a capacidade de traduzir.
d. A criança que adquire duas línguas tende a prestar mais atenção ao conteúdo do enunciado do que a criança monolíngue.
e. Há maior sensibilidade metalinguística por parte da criança bilíngue.

f. A aquisição de cada uma das línguas por uma criança bilíngue ocorre em ritmo idêntico e segue aproximadamente as mesmas etapas da aquisição por uma criança monolíngue.

No entanto, há alguns estudos que indicam certas desvantagens acarretadas pelo bilinguismo, como é o caso do domínio de um número menor de vocabulário em cada língua, se comparado com um falante monolíngue. Tendo como base esses testes, observou-se também maior dificuldade na identificação de palavras em situações que podem ser consideradas adversas (sob pressão, ambiente com barulho etc.).

Apesar de algumas desvantagens, atualmente há evidências de que o bilinguismo apresenta vantagens expressivas, como aquelas que mencionamos anteriormente, apresentadas por crianças pequenas: maior atenção aos significados, maior e mais precoce capacidade de observar as semelhanças e as diferenças entre as línguas e apreciar as possibilidades da expressividade que cada língua oferece, com a consequência de desenvolver precocemente a capacidade de traduzir. Foram realizados também vários estudos experimentais sobre os efeitos cognitivos do bilinguismo com relação à idade. Os resultados de tais estudos sugerem que os bilíngues idosos, com idade em torno de 80 anos, mantêm as capacidades cognitivas (concentração, memória, precisão e tempo de reação etc.) comparáveis às demonstradas pelos monolíngues com idade em torno de 43 anos, não apresentando o declínio dessas capacidades considerado como próprio das pessoas de idade avançada (Sánchez-Casas, 1999).

As pesquisas e as discussões atuais em psicologia cognitiva sugerem que alguns processos cognitivos são universais e outros não. As diferenças em processamento cognitivo apresentam nítidas relações com as diferenças entre as culturas, que, de uma maneira ou outra, são refletidas nas e pelas línguas. Esse fato explica por que os falantes bilíngues permanecem por mais tempo cognitivamente ativos e jovens.

5.1.1 Mitos sobre o bilinguismo

É fato que as pesquisas na área do bilinguismo, sejam elas experimentais, sejam elas teóricas, têm possibilitado maior compreensão das desvantagens e das vantagens que a aquisição e o uso de duas línguas podem acarretar ao falante. Apesar disso, segundo Grosjean (2010a, 2010b), ainda existem muitas crenças equivocadas sobre esse fenômeno, sendo uma delas a ideia de que o bilinguismo é uma ocorrência rara. Como justifica o autor, tal ideia é falsa, já que tem sido estimado que mais da metade da população do mundo é bilíngue, ou seja, usa duas ou mais línguas em seu dia a dia.

Figura 5.2 – Você também é bilíngue?

Outro equívoco consiste na crença de que bilíngues teriam o mesmo nível de conhecimento de cada uma de suas línguas; na realidade, o grau de conhecimento que eles têm em cada língua normalmente depende do grau de necessidade de uso de cada uma, por isso muitas pessoas acabam tendo maior domínio em uma das línguas faladas.

{ Estima-se que mais da metade da população do mundo é bilíngue, ou seja, usa duas ou mais línguas em seu dia a dia.

Existem também os mitos de que os verdadeiros bilíngues não apresentam sotaque nas diferentes línguas e de que as pessoas bilíngues são tradutoras habilidosas em qualquer situação. Como afirma Grosjean (2010a), isso está longe de ser verdade, pois ter ou não um sotaque não torna alguém mais ou menos bilíngue. Além disso, bilíngues frequentemente têm dificuldades para traduzir textos com linguagem especializada, como textos em áreas de conhecimento que não dominam.

Também é muito comum o medo de que crianças que cresceram bilíngues sempre irão misturar as línguas. O que acontece, de fato, é que as crianças se adaptam à situação em que se encontram. Assim, quando interagem em situações monolíngues (com uma avó que não fala a outra língua, por exemplo), elas tendem a responder também de forma monolíngue; se estiverem com outros bilíngues, então é provável que alternem a língua utilizada. Uma das autoras deste livro teve a oportunidade de morar um ano no exterior quando sua filha tinha 10 anos e seu filho 8. A partir dessa experiência, os dois se tornaram bilíngues (português-inglês) e desenvolveram uma relação bastante próxima, inclusive afetiva, com a segunda língua, o inglês. O interessante é que agora, já com 17 e 15 anos, muitas vezes eles preferem falar com o pai (que também é bilíngue) em inglês, mas com a mãe (que não tem amplo domínio dessa língua) só utilizam o português.

Um mito que foi muito popular em meados do século XX refere-se à ideia de que o bilinguismo atrasaria a aquisição da linguagem pela criança. Porém, como se mencionou no início do capítulo, pesquisas têm evidenciado que crianças bilíngues normais não apresentam atraso na aquisição da linguagem.

A crença de que os pais devem usar a abordagem "uma pessoa – uma língua" para que as crianças cresçam bilíngues também é muito relativa. Grosjean (2010a, 2010b) afirma que há muitas formas de garantir que a criança cresça bilíngue – um dos responsáveis fala uma língua e o outro fala outra língua; uma língua é usada em casa e a outra fora; a criança aprende sua segunda língua na escola etc. –, mas que o fator determinante é a necessidade. A criança tem de perceber, mesmo que inconscientemente, que ela precisa das duas ou mais línguas em seu cotidiano. É aqui que a ideia "cada um dos responsáveis pela criança fala uma língua" pode ser ineficaz. Isso porque a criança bilíngue rapidamente percebe que a língua "mais fraca"* não é realmente necessária. Para esse psicolinguista, uma abordagem mais adequada seria todos os membros da família usarem a língua mais fraca em casa para aumentar a exposição da criança a ela e marcar o principal território dessa língua, que seria o contexto familiar.

> A criança tem de perceber, mesmo que inconscientemente, que ela precisa das duas ou mais línguas em seu cotidiano.

Há ainda uma crença frequente de que as pessoas bilíngues, quando não aprendem as duas línguas simultaneamente, expressariam suas emoções em sua primeira língua, que normalmente é identificada com a língua falada por seus pais. Como explica Grosjean (2011), trata-se de mais um dos tantos mitos existentes sobre o bilinguismo, pois as relações entre emoções e bilinguismo parecem ser bem mais complexas, ocorrendo de forma diferente para diferentes indivíduos e distintas áreas da linguagem. Para esse autor, seria muito simplista considerar que pessoas que se

---

* A expressão *língua mais fraca* é usada no sentido de ser "menos necessária" no dia a dia da criança.

tornaram bilíngues quando mais velhas teriam laços emocionais somente com sua primeira língua e nenhum laço com sua(s) outra(s) língua(s).

> Para termos uma ideia da complexidade que pode envolver esse assunto, basta imaginarmos uma situação em que a adolescência de um indivíduo foi marcada pela ausência de afeto ou por eventos desagradáveis em sua primeira língua. Nesse caso, bilíngues podem preferir expressar emoções em sua segunda língua. Grosjean (2011) relata o caso de uma mulher adulta bilíngue (inglês-francês) que havia se mudado para a França quando era jovem e que tinha mais facilidade em falar sobre qualquer tema relacionado a emoções em sua segunda língua, o francês. Isso se devia ao fato de ela haver descoberto o significado de "amor" em francês.

Outro exemplo curioso, relatado pelo estudioso, refere-se à história de uma importante escritora canadense bilíngue (inglês-francês), que teve uma filha nove anos depois de haver se mudado para Paris. Seu marido também era bilíngue (búlgaro-francês) e entre eles falavam em francês. Acontece que a dita escritora tentou usar o "manhês" inglês (*baby talk*) com sua filha bebê, mas não pôde continuar porque memórias e sentimentos tristes relacionados à sua infância vieram à tona – sua mãe, falante de inglês, havia abandonado a família quando ela tinha 6 anos.

cincopontodois
Aquisição de língua materna (L1) e aprendizagem sistemática de segundas línguas (L2)

Apesar de frequentemente serem utilizados como sinônimos, os termos *aquisição* e *aprendizagem* remetem a significados diferentes em sua origem. A aquisição acontece quando adquirimos nossa língua materna (L1) ou quando alguém aprende uma segunda língua em ambiente natural, pelo contato direto, sem qualquer instrução formal. Já a aprendizagem implica o estudo formal de outras línguas (L2), geralmente em ambiente de sala de aula, com professor e atividades variadas. Considerando-se essa distinção, é possível identificar três situações de apropriação de línguas não maternas:

1. aquisição simultânea da L1 e da L2, como é o caso de crianças bilíngues;
2. aquisição de segundas (ou mais) línguas espontaneamente, como ocorre quando adultos vão viver em um país estrangeiro e adquirem a L2 sem estudá-la formalmente; e
3. aprendizagem das segundas línguas de forma sistemática, em sala de aula.

Com base nessas três situações, nosso foco neste tópico será no caso (3), ou seja, na aprendizagem sistemática de segundas ou mais línguas.

> **Importante!**
>
> Alguns autores fazem a distinção entre os termos *língua estrangeira* (LE) e *segunda língua* (L2), utilizando o primeiro para referir-se ao idioma aprendido num lugar onde não é usado como língua de comunicação habitual (o inglês no Brasil, por exemplo) e o segundo (L2) para indicar que a língua é aprendida num lugar onde é utilizada como língua de comunicação cotidiana (um estrangeiro que estuda o português no Brasil, por exemplo). Outros autores, porém, alternam o uso dos dois termos sem fazer tal distinção. Assim, por conveniência, optamos pelo uso de L2/LE indistintamente.

5.2.1 Diferenças entre a aquisição de L1 e a aprendizagem de L2

O predomínio das diferenças entre a aquisição de L1 e a aprendizagem de L2 tem sido consenso nos estudos sobre o tema, sendo uma das mais importantes a que se refere à motivação. Assim, ao se comparar o contexto em que uma criança aprende sua língua materna com a situação de sala de aula em que se ensina uma L2 fora do país de origem, fica evidente que o uso da L1 se constitui em questão de sobrevivência do indivíduo e da espécie. Por outro lado, os adultos podem ter motivações muito variadas, como aprender uma L2 para ler textos escritos nela, para realizar atividades profissionais, para fazer uma entrevista de trabalho, para se comunicar em um país estrangeiro, entre outras situações. Isso sem falar nos casos em que há a obrigatoriedade do estudo da L2, seja porque faz parte da grade curricular, seja por outras exigências.

Além dessa diferença básica relacionada à motivação, Martín-Martín (2004, p. 266-267) e Scliar-Cabral (1988, p. 43-48) apontam outros aspectos divergentes entre aquisição e aprendizagem de línguas, que sintetizamos a seguir:

a. Enquanto em condições normais a aquisição da L1 pela criança tem sucesso total em todos os casos, o relativo sucesso de aprendizagem de uma L2 por um adulto limita-se a uma pequena minoria; também há grande variação na velocidade da aprendizagem da L2 e nos resultados finais, com muitos exemplos de **fossilização**.

b. Em seus primeiros anos de idade, a criança restringe seu mundo ao **aqui e agora**, parâmetros limitados que satisfazem suas necessidades de comunicação. É lógico que o adulto precisa comunicar ideias mais complexas, até mesmo quando os recursos da L2 não são adequados para essa tarefa.

c. Aspectos **afetivos**, como motivação e inibição, **individuais**, como aptidão e personalidade, e **sociais**, como a consciência de pertencimento a um grupo, interagem e afetam decisivamente a aprendizagem do adulto; por outro lado, o sucesso da aquisição da L1 está assegurado, sendo bastante independente de tais fatores. Além disso, diferentemente do adulto, a criança não se importa nem tem medo de errar.

d. Em virtude da maturação cognitiva do indivíduo, as estratégias usadas pela criança na aquisição da L1 e aquelas desenvolvidas pelo adulto diferem significativamente. O adulto pode apoiar-se em estratégias metalinguísticas de processamento, como o uso explícito da gramática, enquanto a criança chega às generalizações por inferência.

Como você pode observar, as diferenças que circunscrevem os dois processos mencionados são bastante óbvias, daí a necessidade de tratamento metodológico específico para o ensino-aprendizagem de segundas línguas. Note que, caso predominassem as semelhanças entre a aquisição da L1 e a aprendizagem das L2, os métodos de ensino destas deveriam repetir o que ocorre no contexto natural de interação entre mãe e criança em que se usa o "manhês". Imagine como seria uma aula de L2!

cincopontotrês
Abordagens teóricas da aprendizagem de L2

Nesta seção, retomaremos brevemente algumas das teorias de aquisição de língua materna que também foram utilizadas para explicar a aprendizagem e/ou aquisição de segundas línguas.

O behaviorismo teve grande influência no ensino de segundas línguas entre as décadas de 1940 e 1970, resultando no surgimento da metodologia audiolingual, que orientou a produção de materiais didáticos e o treinamento de professores nesse período. As atividades de sala de aula enfatizavam a repetição e a memorização, e os estudantes aprendiam modelos de diálogos e de sentenças ouvidos (lembra-se do famoso exemplo *"The book is on the table"*?). Posto que o desenvolvimento da linguagem era visto como uma formação de hábitos, acreditava-se que, ao estudar uma segunda língua, as pessoas partiriam dos hábitos formados na primeira língua e estes interfeririam nos novos hábitos necessários para as segundas línguas.

Já a **teoria gerativa** de Chomsky para a aquisição de L1 foi o ponto de partida para o **modelo do monitor** proposto por Stephen Krashen (1982) para explicar a aquisição de segunda língua. Krashen elaborou seu modelo com base em cinco hipóteses (Lightbown; Spada, 2006, p. 36-38):

1. Com a **Hipótese da Aquisição/Aprendizagem**, Krashen postula que há dois processos diferentes para se chegar ao conhecimento de uma segunda língua: a **aquisição** (processo natural parecido com o de uma criança ao adquirir a língua nativa, sem atenção às estruturas da língua) e a **aprendizagem** (processo formal, que inclui análise das estruturas, exercícios, correção de erros etc.).

2. Segundo a **Hipótese do Monitor**, o sistema adquirido será responsável pelo uso fluente da língua, enquanto o sistema aprendido apenas atuará como **monitor** para corrigir e aprimorar o que aquele produziu. O monitoramento por meio do conhecimento das regras serve apenas para polir o que já foi adquirido. Por isso, Krashen sugere que o ensino de línguas estrangeiras deve se basear em situações de real comunicação e não em regras gramaticais.

3. A **Hipótese da Ordem Natural** baseia-se na ideia de que durante a aquisição todos os aprendizes de L2 seguem uma sequência parecida com a da aquisição de L1. Essa ordem natural parece não ser determinada pela simplicidade da regra que está sendo aprendida e também não corresponder à ordem em que as regras gramaticais são ensinadas nas aulas de língua. Isso significa que não adiantaria ensinar antecipadamente determinadas formas gramaticais, pois só serão adquiridas a seu tempo.
4. A **Hipótese do Insumo** parte da ideia de que a aquisição só acontece quando o aprendiz recebe insumo *(input)* compreensível, ao que Krashen chama de *i+1* (por *i+1* entende-se um insumo ou mensagem compreensível acrescido de alguma informação nova). Krashen propõe que só assim acontecerá aquisição.
5. Segundo a **Hipótese do Filtro Afetivo**, para a aquisição ser efetiva, é necessário que o aprendiz esteja relaxado e motivado. Krashen acredita que a ansiedade, o estresse e a falta de motivação criam um filtro que impede a aquisição.

> **Importante!**
>
> A teoria de Krashen tem influenciado muitos criadores de métodos de ensino de L2. Por seu apelo intuitivo, muitos professores acabam identificando nas cinco hipóteses a confirmação de problemas que eles já haviam muitas vezes percebido em seus alunos. Porém, a teoria tem recebido algumas críticas por se considerar que não atende aos padrões tidos como necessários para uma pesquisa realmente científica.

A partir da década de 1990, a **perspectiva cognitivista/desenvolvimental** tornou-se central nas pesquisas em desenvolvimento de L2. Mais recentemente, algumas teorias psicológicas tem usado o computador como uma metáfora da mente, comparando a aquisição de língua às propriedades do computador de armazenar, integrar e recuperar informação. Outras teorias apoiam-se na neurobiologia, procurando relacionar os comportamentos observados à atividade cerebral.

De acordo com o que vimos no Capítulo 2, o **conexionismo** é um dos desdobramentos dessa perspectiva cognitivista. Como a maioria dos psicólogos cognitivistas, os conexionistas atribuem maior importância ao papel do ambiente na aprendizagem do que a qualquer conhecimento inato específico, pois, para eles, o que é inato é a habilidade de aprender, e não certos princípios linguísticos, como postula a **teoria inatista**.

Na abordagem conexionista, enfatiza-se a frequência de encontros do aprendiz com estruturas linguísticas específicas e a frequência com que essas formas ocorrem juntas. Ao ter repetidos encontros com determinados vocábulos e estruturas da L2 em contextos situacionais ou linguísticos específicos, os aprendizes desenvolvem uma rede de conexões cada vez mais forte entre esses elementos. Possivelmente a presença de um elemento situacional ou linguístico ativará o(s) outro(s) na mente do aprendiz (Lightbown; Spada, 2006).

> Como explicam Lightbown e Spada (2006), uma evidência para a visão conexionista parte da observação de que muito da linguagem que utilizamos em nosso cotidiano é previsível, em alguns casos até se tornam expressões fixas (formulaicas). Alguns autores sugerem até mesmo que a língua é aprendida, pelo menos parcialmente, em blocos maiores do que simples palavras.

Por meio de simulações feitas por um programa de computador, as pesquisas conexionistas têm evidenciado que um mecanismo de aprendizagem, além de aprender aquilo que ouve, também é capaz de fazer generalizações. Esse tipo de estudo tem se concentrado na aquisição de vocabulário e morfemas gramaticais – aspectos linguísticos cuja aquisição se daria, principalmente, pela memorização e pela generalização. Porém, até os inatistas admitem a existência desse mecanismo na aquisição da linguagem.

Os psicólogos cognitivistas não acreditam na existência de um módulo específico no cérebro para a aquisição da linguagem pelos seres humanos; também não veem a aquisição e a aprendizagem como processos mentais distintos, como sugere o modelo de Krashen. Conforme Lightbown e Spada (2006, p. 38), para os cognitivistas, teorias gerais de aprendizagem podem considerar o desenvolvimento gradual de estruturas sintáticas complexas e a falta de habilidade dos aprendizes para usar espontaneamente todo o conhecimento sobre a L2 em um dado tempo. Inspirados em teorias cognitivas gerais, alguns estudiosos elaboraram hipóteses que buscam aplicar certos postulados cognitivistas ao ensino-aprendizagem de L2. Vejamos duas dessas hipóteses que têm influenciado as metodologias de ensino de L2: a hipótese da interação e a *noticing hypothesis*.

Os defensores da hipótese da interação argumentam que a interação conversacional é uma condição essencial para a aquisição de uma segunda língua. Esse argumento baseia-se em estudos sobre as formas como os falantes modificam seu discurso e seus padrões de interação para ajudar os aprendizes a participarem em uma interação ou a compreenderem alguma informação. Long (1982) aponta os seguintes aspectos para justificar a importância da interação modificada para a aquisição de língua:

a. A modificação da interação torna o *input* compreensível.
b. O *input* compreensível promove aquisição.
c. A modificação interacional promove aquisição.

Vale lembrar que a interação modificada nem sempre envolve simplificação linguística, podendo incluir elaborações (como repetição ou paráfrase), fala mais lenta e gestos ou pistas contextuais adicionais, por exemplo. Outro aspecto enfatizado por esse autor, em publicação posterior (Long, 1996), refere-se à importância do *feedback* corretivo durante a interação.

Em 1990, Richard Schmidt propõe a *noticing hypothesis*, sugerindo que nada é aprendido a menos que tenha sido notado.

Essa hipótese parte do princípio de que apenas a exposição ao *input* não é suficiente para que a aprendizagem de uma L2 ocorra, pois notar seria a condição necessária para a aquisição de aspectos linguísticos na língua-alvo. A ideia de *noticing* refere-se ao aprendizado consciente e explícito por meio de uma descoberta individual que cada aprendiz faz, nota ou percebe. Tal descoberta pode ocorrer na interação de aprendizes com falantes da L2, em sala de aula, entre aprendizes nativos de uma mesma língua aprendendo uma L2, ou por meio de uma instrução explícita do professor em relação a um texto oral ou escrito. Um ponto que tem sido questionado, no entanto, refere-se à questão de quão conscientes os aprendizes são de que estão "notando" algo no *input* linguístico que recebem.

Já a **perspectiva sociocultural** estende a teoria vygotskyana de aquisição de L1 (conforme o Capítulo 2) para a aquisição de L2. Os estudos dessa vertente estão interessados em mostrar como os aprendizes adquirem a segunda língua quando eles colaboram e interagem com outros falantes. A diferença entre a perspectiva sociocultural e outras perspectivas que também consideram a importância da interação na aquisição de L2 é que, enquanto os teóricos socioculturais supõem que os processos cognitivos começam como uma atividade externa socialmente mediada e que pode tornar-se internalizada, outros modelos interacionistas supõem que o *input* modificado e a interação proveem o aprendiz com material para processos cognitivos externos.

Como já mencionado no Capítulo 2, de acordo com Tomasello (2003, 2008), para que a criança entenda novas formas linguísticas e desenvolva a linguagem, a interação dela com o adulto deve acontecer nos contextos específicos chamados de *quadros de atenção conjunta ou compartilhada*, situação em que os interlocutores compartilham algum interesse comum ("a relevância") dentro de um contexto também comum.

> Poderíamos afirmar o mesmo quando se trata de um adulto aprendendo uma língua estrangeira. Em outras palavras, o aprendiz de uma língua deve assumir que o enunciado dirigido a ele dentro do quadro de atenção conjunta é entendido pelo falante como útil ou interessante e, por essa razão, o aprendiz estará altamente motivado para decifrar o conteúdo do ato comunicativo e aprender a usar a expressão linguística. No entanto, sem alguma experiência ou conhecimento compartilhado entre os participantes do ato comunicativo, simplesmente não há como o aprendiz entender o que o seu interlocutor quis dizer.

Quando o aprendiz entende o significado do ato comunicativo, ele será motivado pela pressão social a produzir a mesma ação caso queira comunicar o mesmo significado e, com isso, não precisará inventar algum mecanismo comunicativo *ad hoc** para atingir seu propósito. Tomasello (2003) sugere que a "pressão social" refletiria algum tipo de identidade de grupo e racionalidade social, que são fortemente solicitados quando os membros de um grupo precisam colaborar para atingir objetivos comuns, o que, por sua vez, produz a motivação para imitar os mais experientes de acordo com as normas sociais percebidas.

---

* Expressão latina cujo significado é "para isto" ou "para esta finalidade".

cincopontoquatro
Fatores condicionantes da aprendizagem de L2

Sabemos que há uma grande quantidade de fatores que podem afetar o desenvolvimento da L2 pelo aprendiz. Contudo, tendo em vista os propósitos deste capítulo, apresentaremos os fatores externos ou sociais, descritos por Martín-Martín (2004, p. 270-271):

O contexto e a situação são considerados os fatores externos mais importantes, pois são eles que determinam a forma como o aprendiz estará em contato com a L2 e, consequentemente, a qualidade e a quantidade do *input*. Esses fatores também são tidos como a primeira causa da variabilidade quanto ao ritmo da aprendizagem e ao grau de perfeição que o aprendiz possa alcançar.

- Contexto – A aprendizagem de uma L2 pode se dar em vários contextos. Fala-se em **contexto natural** quando o aprendiz está em constante contato com a língua objeto de aprendizagem (por exemplo, um brasileiro morando no Chile, mas que não estuda o espanhol formalmente). O **contexto misto** refere-se aos casos em que a vida profissional e social do aprendiz se desenrola entre falantes nativos do país estrangeiro e, por outro lado, o aprendiz também recebe instrução formal (com professor particular, curso de idiomas etc.).

* Situação de ensino – São as circunstâncias em que o ensino ocorre; apresentam-se de formas muito variadas, podendo ser decisivas na velocidade da aprendizagem e no nível alcançado pelo aprendiz. Entre as situações de ensino de idiomas, podemos citar: ensino opcional/obrigatório; salas com muitos alunos/poucos alunos; aprendizes infantis/adultos; professores nativos/não nativos; aulas presenciais/a distância, entre outras. Diante da diversidade de situações possíveis, Martín-Martín (2004, p. 271) aconselha que "a generalização sobre os processos de aprendizagem, os juízos sobre a idoneidade das técnicas e dos materiais que serão utilizados, ou a defesa de certas concepções teóricas, devem ser examinados à luz das circunstâncias que envolvem a aprendizagem".
* *Input* – Refere-se ao contato auditivo e visual com a L2, sendo essencial no processo de aprendizagem desta. Para que o *input* seja produtivo, deve ser compreensível e compreendido. Assim, quando o falante nativo, ao falar com um estrangeiro, adapta seu discurso para fazê-lo compreensível, por meio da simplificação da mensagem, da seleção do léxico ou da articulação clara e lenta dos sons, não só está facilitando a comunicação entre ele e seu interlocutor, mas também está contribuindo para a aprendizagem da L2 pelo aprendiz. No entanto, tem sido feita a ressalva de que o discurso em colaboração, em que o falante nativo ajuda o aprendiz e este constrói seu discurso apoiando-se na vontade do interlocutor em compreendê-lo, pode ter efeitos

ambivalentes, uma vez que seu uso abusivo pelo aprendiz poderá retardar seu progresso na apropriação do idioma que está aprendendo.

cincopontocinco
Diferenças individuais na aprendizagem de L2

Além dos fatores externos vistos na seção anterior, admite-se que o menor ou maior sucesso na aprendizagem de uma L2 também esteja relacionado a outros fatores, de ordem individual, sendo a maioria deles de natureza psicológica. Posto que esses fatores também recebem atenção considerável nos estudos que se interessam em compreender os processos de aprendizagem/aquisição de L2, dedicaremos esta última seção a eles.

- Idade – A literatura está repleta de resultados e comentários de estudos sobre a influência da idade na aquisição de L2. Várias pesquisas estão sendo realizadas tanto em ambiente de aquisição natural como em comunidades de imigrantes e em salas de aula de L2/LE, com aprendizes de várias idades. Observa-se que, em ambiente natural, as crianças costumam atingir a fluência de um nativo, enquanto seus pais raramente chegam a um alto nível de domínio da L2. Mesmo sendo capazes de se comunicar plenamente na língua, o sotaque, a escolha de palavras e a estrutura das sentenças produzidas geralmente denunciam a origem dos falantes adultos. Por outro lado, adolescentes e adultos costumam ter mais sucesso em situações formais de sala de aula. O conhecimento das estruturas da própria língua e a capacidade de resolver problemas favorecem o aprendizado formal. Embora os resultados não sejam uniformes, parecem levar a uma conclusão: adolescentes e adultos aprendem mais rapidamente, mas as crianças aprendem com mais qualidade.

- Atitude e motivação – Os aprendizes de L2 manifestam diferentes tipos de atitude em relação ao aprendizado, à língua, à cultura dos países que falam aquela língua e à necessidade de aprendê-la. Estudos têm mostrado que uma atitude positiva muitas vezes está relacionada com o sucesso obtido durante o aprendizado, ou seja, **uma atitude positiva pode ser reforçada se o aprendizado acontecer, assim como o insucesso pode reforçar uma atitude negativa** (Ellis, 1994, p. 199). Além disso, pesquisas mostram que a atitude, principalmente dos professores, exerce uma influência muito grande no resultado da aquisição de L2. Conforme Lightbown e Spada (2006, p. 63), a motivação na aprendizagem de segundas línguas é um fenômeno complexo, que tem sido definido considerando-se, por um lado, as necessidades comunicativas dos aprendizes e, por outro, suas atitudes em relação à comunidade que fala a língua-alvo. Dessa forma, se os aprendizes precisam falar a L2 em situações sociais diversificadas ou para atender a ambições profissionais, eles provavelmente perceberão o valor comunicativo da língua que estão aprendendo e, portanto, estarão motivados a adquirir proficiência. Além disso, se os aprendizes tiverem uma atitude favorável em relação aos falantes nativos da L2, é natural que desejem ter cada vez mais contato com eles. Considerando as diferentes formas de motivação, Gardner e Lambert (1972), citados por Lightbown e Spada (2006), propuseram os termos *motivação instrumental* – quando a aprendizagem de uma língua é motivada por objetivos imediatos e utilitários, geralmente ligados à vida profissional e acadêmica do aprendiz – e *motivação integrativa*, que se relaciona à aprendizagem da língua com o intuito de se obter crescimento pessoal e cultural. No entanto, em alguns contextos de aprendizagem, pode ser difícil distinguir entre esses dois tipos de motivação.

- Inteligência – Com base em estudos realizados, Lightbown e Spada (2006, p. 57) comentam que a inteligência parece exercer certa influência no sucesso do aprendiz. Testes apontam ainda para melhores resultados na leitura, na escrita, na gramática e na memorização de vocabulário em L2 por pessoas com quociente de inteligência elevado. No entanto, as habilidades orais, tanto de compreensão auditiva como de produção espontânea de fala, não parecem estar relacionadas à inteligência.
- Aptidão – Testes de aptidão em L2 têm apresentado várias habilidades que podem resultar em sucesso no aprendizado de uma segunda língua, tais como:
  - habilidade em identificar e memorizar novos sons;
  - habilidade em compreender como as sentenças se constroem;

- habilidade para descobrir as regras gramaticais;
- capacidade de memorização de novas palavras.

Mesmo considerando-se que esses fatores promovem uma boa aprendizagem, os resultados das pesquisas não são conclusivos. Observa-se que muitas vezes fatores não cognitivos, como a perseverança e alguns traços especiais de personalidade, podem ser mais significativos que variáveis cognitivas, como inteligência e aptidão.

- Personalidade – Traços de personalidade parecem exercer influência na aprendizagem de L2, embora seja difícil identificar e medir os resultados de seus efeitos. Muitas pesquisas têm sido realizadas para analisar características como autoestima, timidez, ansiedade, capacidade de correr riscos, sensibilidade à rejeição e tolerância à ambiguidade. Os resultados desses estudos indicam que alguns traços de personalidade realmente podem facilitar a aprendizagem, mas não é nada fácil traçar um perfil ideal para um aprendiz bem-sucedido. É bem provável que a aprendizagem/aquisição não seja facilitada por um ou outro traço, mas por uma combinação de fatores.

Síntese

Como você pôde observar neste capítulo, ainda há pouca clareza sobre o fenômeno do bilinguismo, com a permanência de muitos mitos sobre esse assunto. Verificou-se também que existem diferenças notáveis entre a aquisição de língua materna (L1) e a aprendizagem de segundas línguas (L2), o que requer tratamento metodológico diferenciado no processo de ensino-aprendizagem destas últimas. No entanto, ao tratarmos das perspectivas teóricas para a aprendizagem de segundas línguas, evidenciou-se a importância das teorias de aquisição de L1 na formulação de hipóteses sobre a natureza da aprendizagem e aquisição em L2. Também foi possível verificar a existência de uma série de fatores que podem afetar o processo de aprendizagem de uma segunda ou mais línguas, embora as pesquisas voltadas para a análise desse aspecto não sejam conclusivas.

Indicações culturais

Vídeos

CRIANÇAS bilíngues. 7 out. 2011. Disponível em: <https://www.youtube.com/watch?v=frHSsNeRlso>. Acesso em: 24 jan. 2014.

VT crianças bilíngues. 21 out. 2010. Disponível em: <https://www.youtube.com/watch?v=ICxZTaIX8iI>. Acesso em: 24 jan. 2014.

STEPHEN Krashen: entrevista. 28 out. 2012. Disponível em: <https://www.youtube.com/watch?v=GjM6oSpoiGE>. Acesso em: 24 jan. 2014.

Esses vídeos tratam de alguns dos temas apresentados neste capítulo e são uma excelente forma para revisar e ampliar os conteúdos estudados.

Atividades de autoavaliação

1. Considerando as diferenças entre a aquisição de L1 e a aprendizagem de L2, analise se as afirmações a seguir são verdadeiras (V) ou falsas (F):

   ( ) A principal motivação para se aprender uma L2 refere-se à questão da sobrevivência da espécie.

   ( ) Enquanto, ao adquirir sua língua materna, a criança restringe seu mundo e suas necessidades de comunicação ao aqui e agora, o aprendiz adulto de uma L2 precisa comunicar ideias mais complexas, mesmo quando os recursos da L2 não são adequados para essa tarefa.

   ( ) No processo de aprendizagem de uma L2, o adulto pode apoiar-se em estratégias metalinguísticas de processamento, como o uso explícito da gramática, enquanto a criança chega às generalizações por inferência.

   ( ) Em virtude do pouco contato com material linguístico adequado, muitas crianças apresentam problemas de fossilização durante a aquisição da L1.

   Marque a sequência correta:

   a. V, F, F, V.
   b. F, V, V, F.
   c. V, V, F, F.
   d. F, F, V, V.

2. Considerando as perspectivas teóricas de aquisição/aprendizagem de L2, relacione a coluna A com a coluna B e, após, selecione a alternativa que apresenta a sequência correta de cima para baixo:

Coluna A	Coluna B
I. Behaviorismo	( ) Perspectiva segundo a qual os processos cognitivos começam como uma atividade externa socialmente mediada e que pode tornar-se internalizada.
II. Hipótese do monitor	( ) Corrente teórica em que as atividades de sala de aula enfatizavam a repetição e a memorização e os estudantes ouviam diálogos e sentenças para aprender modelos.
III. Perspectiva cognitivista	( ) Perspectiva teórica em que não se acredita na existência de um módulo específico no cérebro para a aquisição da linguagem pelos seres humanos.
IV. Perspectiva sociocultural	( ) Postula-se que o monitoramento por meio do conhecimento das regras sirva apenas para polir o que já foi adquirido.

a. I, III, IV, II.
b. II, IV, III, I.
c. I, II, II, IV.
d. IV, I, III, II.

3. Levando em conta o que aprendemos sobre as diferenças entre a aquisição de L1 e a aprendizagem de L2, assinale a alternativa correta:

   a. Comparando-se os contextos em que uma criança aprende sua língua materna e uma segunda língua, conclui-se que o uso da L1 não é questão de sobrevivência do indivíduo.

   b. Comparando-se os contextos em que uma criança aprende sua língua materna e uma segunda língua, conclui-se que os adultos não têm motivação para aprender uma L2.

   c. Comparando-se o contexto em que uma criança aprende sua língua materna com a situação de sala de aula, em que se ensina uma L2 fora do país de origem, conclui-se que o uso da L1 é questão de sobrevivência do indivíduo e da espécie.

   d. Comparando-se os contextos em que o adulto aprende uma L2 e sua primeira língua, conclui-se que o uso da L2 é questão de sobrevivência do indivíduo e da espécie.

4. Quanto aos mitos relacionados ao bilinguismo, assinale a alternativa que apresenta a sequência correta de palavras ou expressões que preenchem as lacunas do enunciado a seguir:

   Outra crença equivocada consiste na suposição de que bilíngues teriam o mesmo _____ em cada uma de suas línguas; na realidade, o grau de conhecimento que eles têm em cada língua normalmente depende do _____ de uso de cada uma, por isso muitas pessoas acabam tendo maior _____ em uma das _____.

a. nível de dificuldade – grau de necessidade – domínio – línguas faladas.
b. nível de dificuldade – momento – domínio – línguas faladas.
c. nível de necessidade – interesse – sucesso – línguas escritas.
d. nível de conhecimento – grau de necessidade – domínio – línguas faladas.

5. Quanto aos contextos de aprendizagem de uma L2, assinale a alternativa que apresenta a sequência correta de palavras ou expressões que preenchem as lacunas do enunciado a seguir:

Fala-se em _____ quando o aprendiz está em constante contato com a língua objeto de aprendizagem. O _____ refere-se aos casos em que a vida profissional e social do aprendiz se desenrola entre _____ do país estrangeiro e, por outro lado, o aprendiz também recebe _____.

a. texto natural – contexto misto – falantes nativos – instrução formal.
b. contexto artificial – contexto misto – falantes oriundos – instrução informal.
c. contexto misto – contexto natural – falantes vindos – instrução formal.
d. contexto natural – contexto artificial – falantes nativos – instrução informal.

Atividades de aprendizagem

Questão para reflexão

1. Escolha um dos vídeos indicados sobre bilinguismo e comente-o à luz do que foi estudado neste capítulo.

Atividade aplicada: prática

1. Tendo como base a leitura do artigo indicado a seguir, de Marília Callegari, procure fazer um levantamento das principais críticas atribuídas ao modelo do monitor de Krashen e das implicações da aplicação desse modelo em sala de aula.

    CALLEGARI, M. O. V. Reflexões sobre o modelo de aquisição de segundas línguas de Stephen Krashen: uma ponte entre a teoria e a prática em sala de aula. Trabalhos de linguística aplicada, Campinas, v. 45, n.1, p. 87-101, jan./jun. 2006. Disponível em: <http://www.iel.unicamp.br/revista/index.php/tla/article/view/1962/1536>.

{

um   psicolinguística: objeto, história, métodos e fundamentos neurofisiológicos da linguagem
dois   aquisição da linguagem
três   dificuldades na aquisição
quatro   desenvolvimento da leitura e da escrita em língua materna
cinco   aprendizagem de segundas línguas
seis   estratégias de aprendizagem de idiomas

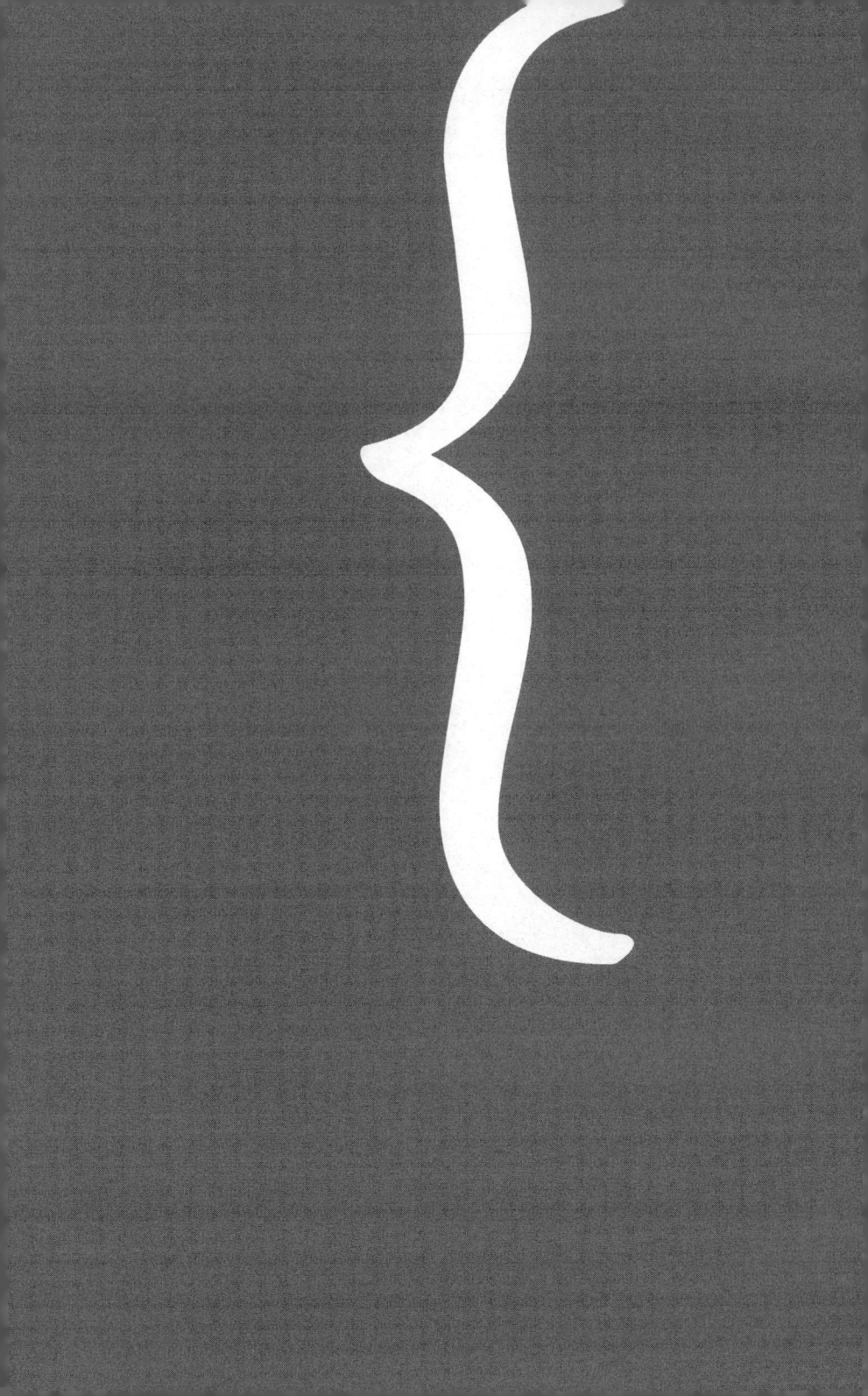

{

INICIAREMOS ESTE CAPÍTULO conceituando as estratégias de aprendizagem para, posteriormente, abordarmos os diferentes tipos de estratégias que têm sido identificadas nos estudos sobre esse tema. Em um segundo momento serão apresentadas algumas justificativas para o ensino de estratégias de aprendizagem. No que se refere às estratégias de aprendizagem de idiomas, daremos maior ênfase às categorizações desenvolvidas por Oxford (1990), em razão de a sua grande influência nos estudos sobre o tema e nas metodologias de ensino de idiomas. Finalizaremos procurando aproximar a teoria da prática, ilustrando possibilidades de trabalho com as estratégias de aprendizagem de vocabulário em segunda língua (L2)/língua estrangeira (LE). Assim, podemos afirmar que o presente capítulo tem como objetivo principal proporcionar maior compreensão sobre o que são estratégias de aprendizagem, sobre as categorias de estratégias que têm sido utilizadas pelos aprendizes e sobre como tais estratégias podem ser praticadas nas aulas de idiomas.

seispontoum
O que são estratégias de aprendizagem?

De acordo com Oxford (1990, p. 8), estratégias de aprendizagem "são ações específicas que o aluno adota para simplificar a aprendizagem, torná-la mais rápida, mais divertida, mais autodirigida, mais eficaz e com maior possibilidade de ser transferida para novas situações". A observação de que os "bons alunos" normalmente também são aqueles que usam diferentes estratégias de aprendizagem levou vários autores a defenderem a inclusão desse tema no ensino de idiomas.

Apesar de haver uma diversidade de explicações sobre o que se entende por *estratégias de aprendizagem*, adotaremos aqui as definições de Oxford, uma vez que seu estudo tem sido bastante citado na literatura sobre o tema. A primeira definição da autora destaca os benefícios do uso de estratégias de aprendizagem. Em publicação posterior, Oxford e Andrew (1992), citados por Cotterall e Reinders (2007, p. 1), acrescentam que "são as etapas ou as ações que os alunos adotam para melhorar o desenvolvimento de suas habilidades linguísticas". Nesse sentido, Cotterall e Reinders (2007, p. 3-9), citando O'Malley e Chamot (1990), apontam **três tipos de estratégias** que são importantes na aprendizagem de idiomas: cognitivas, metacognitivas e sociais/afetivas. Vejamos, a seguir, as principais características de cada uma delas.

As estratégias cognitivas se dividem em dois tipos: 1) estratégias de aprendizagem da língua-alvo e 2) estratégias empregadas no uso da língua que está sendo aprendida. As estratégias de aprendizagem da língua-alvo envolvem procedimentos como:

+ identificação;
+ memorização;
+ armazenamento; e
+ recuperação de unidades lexicais.

Inserem-se nesse grupo as estratégias de ensaio (dizer ou escrever algo repetidamente) e de elaboração. Esta última ocorre quando fazemos associações mentais entre as novas informações e os conhecimentos que já temos ou entre diferentes partes das novas informações (por exemplo, ao aprendermos uma palavra nova, como *office* (escritório), podemos associá-la aos itens *company* (empresa) e *work* (trabalho)).

O segundo tipo de estratégia cognitiva são aquelas usadas pelos aprendizes para compensar as lacunas no conhecimento da LE quando estão se comunicando, por isso também são conhecidas como estratégias de comunicação. Elas incluem recursos como:

+ a aproximação, que é a escolha de uma palavra com um sentido mais geral para expressar determinado significado, para o qual o aprendiz não encontra a palavra específica, como o uso da palavra *animal* para descrever um cachorro; e
+ a paráfrase, que é usada quando o aluno não lembra alguma palavra na LE e busca explicá-la por meio de formas, como "algo que é usado para" ou "algo feito de".

As **estratégias metacognitivas** contribuem para o aprendizado do idioma de forma indireta, pois ajudam os alunos a organizarem e monitorarem sua aprendizagem. Esse tipo de estratégia inclui o planejamento da organização da linguagem escrita ou falada e o monitoramento durante a realização de uma tarefa.

As **estratégias sociais/afetivas** envolvem atitudes como: cooperação, quando os alunos trabalham juntos na resolução de um problema; questionamento para fins de esclarecimento, ou seja, quando os aprendizes fazem perguntas para ajudá-los a compreender determinado tema; e falar consigo mesmo – essa fala pode ocorrer em silêncio ou em voz baixa, sendo uma forma de os aprendizes aumentarem a autoconfiança e diminuírem a ansiedade diante de uma situação de estresse.

seispontodois
Por que ensinar estratégias de aprendizagem?

Os pesquisadores que se dedicam ao estudo desse tema são unânimes na defesa do ensino das estratégias de aprendizagem, oferecendo argumentos bastante convincentes. Cotterall e Reinders (2007, p. 12-18), por exemplo, apontam uma série de razões que justificariam o ensino sistemático das estratégias.

> Além de estimular o desenvolvimento da responsabilidade do aluno por sua aprendizagem, o ensino das estratégias, segundo os autores citados anteriormente, contribui para uma aprendizagem eficiente, para a maior motivação dos alunos e o aumento da quantidade de tempo que eles passam utilizando o idioma.

Vamos aprender um pouco mais a respeito dessas razões?

- Eficiência – Os alunos que utilizam as estratégias adequadas aprendem com mais eficiência. Estudos têm demonstrado que alunos eficientes sabem quando empregar as estratégias e recorrem a elas com mais frequência. Do mesmo modo, bons alunos de idiomas têm mais consciência das estratégias que utilizam e dos motivos que os levam a recorrer a elas.
- Motivação – É comum vermos muitos alunos desistindo do objetivo de aprender um idioma antes de alcançarem o nível desejado. Muitas vezes o insucesso na aprendizagem pode ser explicado pelo uso de estratégias inadequadas. Os alunos que não conseguem avançar na aprendizagem do idioma desanimam e acabam dedicando-se cada vez menos e, nesses casos, o professor pode contribuir para uma mudança de atitude, mostrando ao aprendiz como utilizar as estratégias de forma eficaz.
- Tempo – O aumento do tempo dedicado à aprendizagem da L2/LE tem sido considerado como mais um motivo para incluir o ensino das estratégias nas aulas de idiomas, pois

seu uso adequado possibilita que o aluno continue aprendendo de forma eficiente também fora da sala de aula.

- Autonomia – Ao aprenderem a resolver sozinhos os problemas linguísticos, os alunos obtêm a vantagem de assumir o controle de sua própria aprendizagem. Crabbe (1993), citado por Cotterall e Reinders (2007, p. 17), aponta três argumentos para a promoção da autonomia do aluno:
    - Argumento ideológico – Os alunos têm direito de decidir como abordar sua aprendizagem de idiomas.
    - Argumento psicológico – Aprendemos melhor quando assumimos o controle de nossa aprendizagem.
    - Argumento econômico – Nem todos os alunos conseguirão continuar pagando seus estudos de idiomas a vida inteira, daí a necessidade de serem capazes de guiar a própria aprendizagem.

> **Questão para reflexão**
>
> Se você já estudou ou está estudando uma segunda língua, reflita sobre as estratégias cognitivas que você utiliza(va) para tornar sua aprendizagem mais eficiente. Anote quais foram as estratégias identificadas.

Com base nos aspectos apresentados nesta seção, observa-se que o trabalho com as estratégias de aprendizagem implica uma mudança no modelo de ensino-aprendizagem, apontando para a necessidade de o professor dominar, além dos conhecimentos específicos sobre a língua que ensina, também o conhecimento sobre as estratégias de aprendizagem. Somente esse modo o professor de L2 poderá orientar seus alunos quanto ao uso adequado de tais estratégias. Dito isso, na próxima seção, trataremos das estratégias de aprendizagem de idiomas de forma mais específica e com maior profundidade.

seispontotrês
Estratégias de aprendizagem de idiomas

Os estudos sobre as estratégias de aprendizagem de idiomas começaram a surgir a partir dos anos 1960. Desde então, muitas pesquisas têm sido realizadas nessa área, sendo notável a influência dos psicólogos cognitivistas nesses trabalhos.

Ao longo do tempo, diferentes autores propuseram categorizações das estratégias de aprendizagem de idiomas, porém a categorização que tem sido considerada mais desenvolvida e detalhada é a de Oxford (1990), razão pela qual nos deteremos mais em seu estudo. Essa autora divide as estratégias em duas classes principais, diretas e indiretas, que, por sua vez, subdividem-se em 6 grupos e 19 conjuntos, como você pode observar no Quadro 6.1.

Quadro 6.1 – Esquema do sistema de estratégias de Oxford (1990), com 2 classes, 6 grupos e 19 conjuntos

Estratégias diretas		
Memória	Criar conexões mentais	
	Aplicar imagens e sons	
	Revisar bem	
	Empregar a ação	
Estratégias cognitivas	Praticar	
	Receber e enviar	
	Analisar e raciocinar	
	Criar uma estrutura para material de entrada e de saída	
Estratégias de compensação	Adivinhar com inteligência	
	Vencer limitações ao falar e ao escrever	
Estratégias indiretas		
Estratégias metacognitivas	Focar a aprendizagem	
	Organizar e planejar a aprendizagem própria	
	Avaliar a aprendizagem própria	
Estratégias afetivas	Diminuir a ansiedade	
	Estimular a si próprio	
	Avaliar a aprendizagem	
Estratégias sociais	Fazer perguntas	
	Cooperar com os demais	
	Simpatizar com os demais	

FONTE: Elaborado com base em Oxford, 1990.

No sistema de Oxford (1990):

- as **estratégias metacognitivas** ajudam o aluno a regular sua aprendizagem;
- as **estratégias afetivas** estão ligadas a aspectos emocionais do aluno, como a segurança;
- as **estratégias sociais** produzem um aumento da interação com a língua-alvo;
- as **estratégias cognitivas** são as estratégias mentais que os aprendizes utilizam para dar sentido à sua própria aprendizagem;
- as **estratégias de memória** são utilizadas para o armazenamento de informações; e
- as **estratégias de compensação** ajudam o aluno a superar lacunas de conhecimentos para dar continuidade à comunicação.

Como você deve ter observado no Quadro 6.1, o sistema de Oxford evidencia a proximidade entre a **cognição** e as **emoções**. Nossos sentimentos influenciam no uso que fazemos dos processos cognitivos e vice-versa. Estudos sugerem que as variáveis afetivas teriam mais influência na utilização das estratégias que outras, como a inteligência e a aptidão. Além dos fatores afetivos, há evidências de que outras variáveis – como a atitude, a motivação, a idade, a personalidade, o gênero, o estilo de aprendizagem, a aptidão, o domínio

> Nossos sentimentos influenciam no uso que fazemos dos processos cognitivos e vice-versa.

do idioma, o domínio percebido e os requisitos da tarefa – influenciam nas estratégias de aprendizagem.

6.3.1 O treinamento de estratégias no ensino de L2

Mais recentemente, a ideia do ensino explícito de estratégias tem recebido bastante atenção no campo do ensino de línguas, principalmente da língua inglesa. Os resultados de um número razoável de estudos sugerem que os grupos de alunos que receberam um ensino explícito de estratégias, especialmente de estratégias metacognitivas, tiveram melhor rendimento em uma série de tarefas de aprendizagem de línguas que os grupos que não receberam nenhum treinamento de estratégias. No entanto, Williams e Burden (1999) alertam que não se pode generalizar tais descobertas, pois oferecem informação limitada acerca dos efeitos de longa duração de tal treinamento ou sobre a possibilidade de transferi-lo para outras situações. Outra ressalva feita por esses autores diz respeito ao fato de que distintos grupos culturais responderam de forma diferente ao treinamento das estratégias. Por exemplo, verificou-se que os alunos de origem hispânica se beneficiavam mais que os alunos asiáticos, pois estes preferiam utilizar as estratégias com as quais já estavam acostumados.

> Tal diferença parece indicar que os comportamentos considerados exemplares sobre estratégias de aprendizagem eficazes praticadas por bons alunos de idiomas podem estar fundamentados em modelos culturais que não sejam universais.

Vários modelos têm sido propostos para o ensino de estratégias de aprendizagem. Alguns se relacionam ao ensino de estratégias de forma separada e explícita, e outros integram o ensino de estratégias nas tarefas de aprendizagem de língua. Geralmente se preferem os primeiros modelos, uma vez que a atenção dos alunos dirige-se à estratégia que está sendo ensinada. Nesse sentido, O'Malley e Chamot (1990) propõem a seguinte sequência de treinamento de estratégias:

1. Preparação: a partir de entrevistas, modelo de pensamento em voz alta, discussão sobre as entrevistas e pensamento em voz alta, desenvolver no aluno a consciência de que existem diferentes estratégias.
2. Apresentação: desenvolver o conhecimento que o aluno não tem das estratégias, por meio de análise da utilização, descrição e identificação de estratégias.
3. Prática: desenvolver no aluno as habilidades do uso das estratégias para a aprendizagem acadêmica, com base em tarefas de aprendizagem cooperativa, pensamento em voz alta durante a resolução de um problema, ajuda dos colegas nas tarefas acadêmicas e discussões em grupo.
4. Avaliação: desenvolver a habilidade do aluno para avaliar o uso que faz das estratégias, o que pode ser feito com o aluno escrevendo imediatamente depois da tarefa as estratégias empregadas, discutindo o uso de estratégias em aula etc.
5. Expansão: desenvolver a transferência de estratégias a outras áreas, por meio de discussões sobre os aspectos metacognitivos e motivacionais do uso das estratégias, prática

complementar sobre tarefas acadêmicas parecidas e uso de estratégias de aprendizagem com tarefas relativas à bagagem cultural dos alunos.

O treinamento das estratégias de aprendizagem tem abarcado aspectos como o ensino de formas de aprender vocabulário, o ensino de estratégias de leitura (como a produção de mapas semânticos) e o ensino de uma variedade de estratégias e de autoconsciência metacognitiva. Tendo em vista o exposto até aqui, na próxima seção, você poderá aperfeiçoar seu conhecimento sobre as estratégias de aprendizagem de vocabulário!

seispontoquatro
Estratégias de aprendizagem de vocabulário em L2

Diferentes autores se preocuparam em estabelecer listas e classificar as estratégias de aprendizagem de vocabulário, porém a proposta de Oxford (1990), em virtude de seu grau de detalhamento, tornou-se bastante conhecida. Essa autora propõe uma extensa lista de estratégias que os alunos usam na aprendizagem do vocabulário. Entre as estratégias usadas pelos aprendizes para descobrir o significado de uma palavra nova estão:

- adivinhar ou inferir pelo contexto;
- relacionar com uma palavra cognata na língua materna (L1);
- analisar as partes da palavra (afixos e raiz);
- usar o dicionário bilíngue ou monolíngue;

- pedir a tradução para o professor;
- perguntar o significado aos colegas.

Existem também algumas estratégias que podem ser empregadas pelos aprendizes para fixar o vocabulário já visto, como:

- colocar a nova forma em uso, seja em sala de aula, seja fora dela;
- criar imagens, ou seja, associar palavras com desenhos que representem seu significado;
- agrupar o vocabulário por temas (campos semânticos), como palavras relacionadas com a sala de aula (*sillas, pupitres, pizarra, alumno, profesor, libro*) ou por tipos de palavras (por exemplo, palavras com grafia ou som parecido);
- associar os itens lexicais, ou a informação nova, aos conceitos já memorizados;
- fazer mapas semânticos – a partir de uma palavra-chave, faz-se um mapa com as palavras que se relacionam com ela;
- representar o som da nova palavra mentalmente;
- parafrasear o significado da palavra; e
- revisar regularmente para ativar a memória.

Os alunos podem, ainda, fazer anotações sobre o vocabulário aprendido, tais como:

- escrever a palavra na língua-alvo e, ao lado, a tradução na língua materna;
- fazer um desenho ao lado da palavra aprendida;
- escrever a palavra e sua definição na língua-alvo;
- fazer uma lista de adjetivos e seus antônimos;

- anotar os sinônimos já conhecidos ao lado da nova palavra;
- fazer um desenho que reúna todas as palavras do novo campo lexical aprendido.

6.4.1 Por que ensinar estratégias de aprendizagem de vocabulário?

Comparado ao tempo que temos para adquirir o léxico da língua materna, é pouquíssimo o tempo disponível para a aprendizagem do léxico de uma L2 em sala de aula. Até os 5 anos de idade, uma criança adquire em torno de 5 mil itens lexicais na L1. Um adulto escolarizado terá um léxico de aproximadamente 20 mil itens em sua língua materna. Enquanto isso, a maioria dos aprendizes adultos de uma L2/LE, bem-sucedidos, alcançam em torno de 5 mil unidades (Thornbury, 2002, p. 20). Esses números nos trazem a reflexão sobre a importância de os aprendizes desenvolverem formas de estudo que lhes permitam continuar o processo de aprendizagem lexical de maneira mais autônoma e eficiente.

> Desse modo, considerando-se que grande parte do aprendizado de vocabulário acontece fora do ambiente de sala de aula (quando os alunos fazem as atividades em casa, revisam, leem um livro, assistem a um filme, escutam músicas etc.), é necessário que os aprendizes sejam orientados sobre como podem aprender mais e melhor.

Ao se depararem com unidades lexicais novas, os aprendizes ativam uma série de estratégias de aprendizagem, buscando captar os significados dessas unidades e aprendê-las. Normalmente, tais estratégias são usadas inconscientemente. Porém, é provável que as estratégias de aprendizagem de vocabulário funcionem melhor se usadas de forma consciente (Mercer, 2005, p. 25). Também é possível que os aprendizes desconheçam algumas dessas estratégias e, nesse ponto, entra a figura do professor-orientador. Ele pode contribuir para a aprendizagem dos alunos apresentando-lhes as diferentes estratégias e orientando-os quanto ao uso destas. O professor pode ajudar seus alunos a perceberem que podem usar muitas outras estratégias, além daquelas já usadas por eles, e também a identificarem quais estratégias funcionam melhor para cada um.

> Uma forma de chamar a atenção dos alunos para o uso das estratégias é por meio do seguinte experimento: os estudantes têm três minutos para memorizar dez palavras dadas pelo professor, podendo trabalhar individualmente ou em pequenos grupos. Após os três minutos, eles deverão anotá-las em uma folha. Quantas palavras conseguiram lembrar? Na sequência, os alunos conversam com seus colegas sobre as técnicas que utilizaram na memorização (por exemplo, imaginar uma história, associar as palavras com uma imagem, fazer sentenças com as palavras, repeti-las mentalmente, escrevê-las etc.) e, juntos, tentam fazer um levantamento das técnicas que deram melhores resultados.

6.4.2 Como praticar as estratégias?

O agrupamento de unidades lexicais, seguindo determinados critérios, é uma das possibilidades de se exercitarem as estratégias de aprendizagem de vocabulário. Observe os grupos de palavras apresentadas no Quadro 6.2. O que essas palavras têm em comum para estarem juntas?

QUADRO 6.2 – AGRUPAMENTO DE ITENS LEXICAIS POR ÁREAS TEMÁTICAS

Espanhol	Português
Café, leche, pan, mantequilla.	Café, leite, pão, manteiga.
Ajedrez, fútbol, tenis, baloncesto.	Xadrez, futebol, tênis, basquetebol.
Cocina, pasillo, comedor, garaje.	Cozinha, corredor, copa, garagem.
Ola, arena, cangrejo, isla.	Onda, areia, caranguejo, ilha.

Será que todos os alunos chegarão à mesma conclusão? Depois de uma atividade como essa, é importante que eles contrastem suas respostas com as respostas dos colegas e justifiquem o porquê do agrupamento. Esse procedimento os ajudará a perceber que as unidades lexicais podem ser agrupadas por áreas temáticas (por exemplo, café da manhã; esportes; partes da casa; praia).

Outra forma de praticar as estratégias é fornecer várias palavras para que os próprios alunos as agrupem. Para tanto, eles precisarão estabelecer algum critério que justifique a inclusão desses itens em um determinado grupo. Além das áreas temáticas, também é possível agrupar as palavras por **categorias** (substantivos, verbos, adjetivos etc.), por **semelhanças ortográficas**, por **tipos** (concretas, abstratas) etc.

A construção de mapas semânticos é outra maneira de praticar as estratégias. Tomemos como exemplo a unidade lexical *verão*. Com que outros itens podemos relacioná-la? Use sua imaginação para completar o esquema a seguir:

FIGURA 6.1 – EXEMPLO DE MAPA SEMÂNTICO PARA ESTUDO DE VOCABULÁRIO

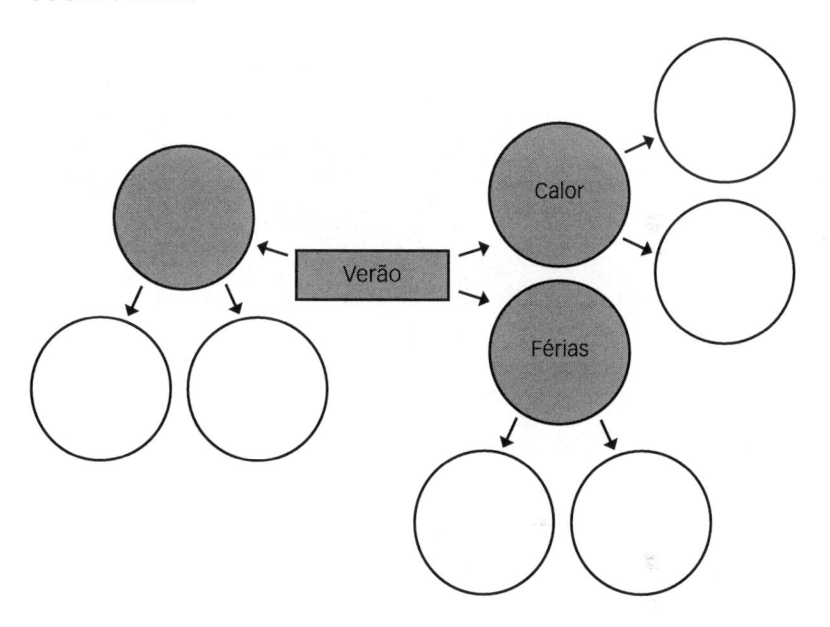

Os exemplos anteriores são apenas uma amostra de como a conscientização para o uso das estratégias pode ser feita. Ao trabalharmos as estratégias em sala de aula, é importante lembrarmos que cada aluno tem seu próprio estilo e preferências de aprendizagem e que, portanto, uma visão prescritiva seria inadequada. Em outras palavras, o professor não deve impor as estratégias a serem usadas por seus alunos. Seu papel consiste em trabalhar em colaboração com os aprendizes, orientando-os na descoberta e desenvolvimento do conjunto de estratégias de consolidação do vocabulário que lhes ofereça melhores resultados.

Síntese

Neste capítulo, apresentamos as principais categorizações das estratégias de aprendizagem de idiomas e analisamos a importância do trabalho com as estratégias de aprendizagem de vocabulário em sala de aula, pois, por falta de conhecimento, alguns aprendizes podem acabar limitando-se ao uso de umas poucas estratégias. Se o estudante for bem orientado sobre como usá-las, ele poderá continuar seu processo de aprendizagem de forma mais autônoma e eficiente, o que o ajudará a suprir muitas das deficiências que resultam do pouco tempo disponível para a aprendizagem em sala de aula. Dada a necessidade de um trabalho sistemático, apresentamos algumas sugestões de prática das estratégias em sala de aula e ressaltamos que esse tipo de atividade tem como objetivo tornar os aprendizes mais conscientes do seu próprio processo e estilo de aprendizagem lexical, bem como ampliar o leque de estratégias que estes poderão utilizar.

Indicação cultural

Artigo

VILAÇA, M. C. L. Pesquisas em estratégias de aprendizagem: um panorama. E-scrita, Nilópolis, v. 1, n. 1, jan./abr. 2010. Disponível em: <http://www.uniabeu.edu.br/publica/index.php/RE/article/view/4/pdf_2>. Acesso em: 24 jan. 2014.

Se você se interessou por esse tema, recomendamos a leitura desse artigo de Márcio Luiz Corrêa Vilaça.

Atividades de autoavaliação

1. Considerando as diferentes estratégias de aprendizagem, analise se as afirmações a seguir são verdadeiras (V) ou falsas (F):
( ) As estratégias cognitivas englobam estratégias de aprendizagem da L2 e estratégias empregadas no uso da L2.
( ) A aproximação e a paráfrase são recursos das estratégias metacognitivas que ocorrem quando fazemos associações mentais entre novas informações e os conhecimentos que já temos.
( ) Procedimentos como a identificação, a memorização, o armazenamento e a recuperação de unidades lexicais constituem estratégias cognitivas.
( ) Atitudes como a cooperação e o questionamento para fins de esclarecimentos são estratégias sociais/afetivas.

Assinale a sequência correta:
a. V, V, F, F.
b. V, F, V, F.
c. F, V, V, F.
d. V, F, V, V.

2. Sobre as estratégias de aprendizagem de idiomas, assinale a alternativa correta:
a. Estudos demonstram que alunos que receberam ensino implícito de estratégias de aprendizagem apresentaram melhor rendimento na realização de certas tarefas de aprendizagem de língua.
b. Independentemente do grupo cultural a que pertencem, os alunos respondem de forma similar ao treinamento das estratégias de aprendizagem.
c. A categorização das estratégias de O'Malley e Chamot (1990) tem sido considerada uma das mais detalhadas, sendo, por isso, utilizada em inúmeros estudos.
d. Alunos de distintos grupos culturais respondem de forma diferente ao treinamento de estratégias de aprendizagem, o que sugere que estratégias de aprendizagem praticadas por bons alunos poderiam estar baseadas em modelos culturais específicos.

3. Analise as proposições a seguir sobre as estratégias de aprendizagem e assinale-as com V (verdadeiro) ou F (falso). Após, selecione a alternativa que apresenta a sequência correta:
( ) No sistema de Oxford, as estratégias metacognitivas estão ligadas a aspectos emocionais do aluno, como a insegurança.

(   ) Estratégias cognitivas são procedimentos mentais que os aprendizes utilizam para dar sentido à sua própria aprendizagem.

(   ) As estratégias cognitivas estão relacionadas a aspectos afetivos que os aprendizes utilizam para dar sentido à sua própria aprendizagem.

(   ) As estratégias de memória relacionam-se ao armazenamento de informações, e as estratégias de compensação ajudam os alunos a superarem lacunas de conhecimentos para dar sequência à comunicação.

a. F, V, F, V.
b. V, F, V, F.
c. V, V, F, F.
d. F, F, V, V.

4. Quanto às estratégias cognitivas, assinale a alternativa que apresenta a sequência correta de palavras ou expressões que preenchem as lacunas do enunciado a seguir:

As estratégias cognitivas se dividem em dois tipos: _____ _____ da língua-meta e _____ _____ da língua que está sendo _____.

a. estratégias de compensação – estratégias empregadas no uso – ensinada.
b. estratégias de memória – estratégias empregadas na compreensão – ensinada.
c. estratégias de aprendizagem – estratégias empregadas no uso – aprendida.
d. estratégias de compreensão – de compensação – aprendida.

5. Quanto às estratégias de aprendizagem, assinale a alternativa que apresenta a sequência correta de palavras ou expressões que preenchem as lacunas do enunciado a seguir:

Entre as _____ próprias das estratégias sociais estão a _____ e o _____ para fins de esclarecimento.

a. dificuldades – compensação – questionamento.
b. atitudes – cooperação – questionamento.
c. atitudes – compensação – domínio do vocabulário.
d. dificuldades – cooperação – tema.

Atividades de aprendizagem

Questão para reflexão

1. Com base no que foi estudado neste capítulo, reflita a respeito das estratégias que você usa ou usou em algum momento para aprender vocabulário em outra língua.

Atividade aplicada: prática

1. Desenvolva um parágrafo justificando a importância do ensino de estratégias de aprendizagem.

considerações finais

❰ CHEGAMOS AO FINAL do percurso proposto ao iniciarmos esta obra, e sempre fica aquela sensação de que haveria muito mais a ser dito. Não restam dúvidas de que o estudo dos processos de aquisição da língua materna, bem como de aprendizagem em contextos formais de línguas não maternas constitui um campo fascinante! E é natural que seja assim, uma vez que, como já mencionamos na apresentação deste livro, a linguagem é um elemento primordial em todos os âmbitos das atividades humanas, na interação, no conhecimento e no pensamento, sendo constitutiva daquilo que nos torna humanos como espécie e como pessoas.

Assim, esperamos que este livro, por sua proposta abrangente e, ao mesmo tempo, de natureza introdutória e pelo esforço em conjugar teoria e aplicação, possa contribuir para a compreensão de conceitos básicos da área da psicolinguística por todos aqueles que tenham interesse em ampliar seu conhecimento sobre a linguagem humana, entre os quais se inserem estudantes e profissionais da área de ensino de línguas (maternas e estrangeiras), de pedagogia, de psicopedagogia etc.

{

glossário

Aquisição da linguagem: É um processo da "apropriação" de uma língua que ocorre, de acordo com alguns psicolinguistas, em situações naturais, enquanto a aprendizagem tem lugar em ambientes formais, tais como escola e curso de línguas. Já para oponentes dessa perspectiva, a aquisição também está presente quando as línguas são aprendidas em situações formais.

Bilinguismo: É um termo que se relaciona com o conceito de proficiência nas línguas em questão. Os bilíngues podem ser classificados em balanceados, aqueles cuja proficiência é similar nas duas línguas, e dominantes, aqueles que têm a proficiência em uma língua melhor do que em outra. (Flory e Souza, 2009).

Cognição: "A palavra *cognição* deriva do latim *cognitione*, que significa a aquisição de um conhecimento por meio da percepção. É o conjunto dos processos mentais usados no pensamento, percepção, classificação, reconhecimento e compreensão, e que são utilizados para o aprendizado de determinados sistemas e soluções de problemas." (Santos, 2010, p. 24, grifo do original)

Competência pragmática: Trata-se da competência que diz respeito ao conhecimento de como a língua é usada em situações reais para alcançar alguns objetivos reais.

Escrita pictográfica: É a forma de escrita que consiste em transmitir uma ideia por meio de um desenho (símbolo) figurativo e estilizado.

Filogênese: É o estudo da relação evolutiva entre grupos de organismos (espécies, populações).

Fonologia: É o campo da linguística que estuda a categorização de sons em línguas específicas e os aspectos relativos à percepção e compreensão de significados, enquanto a fonética se dedica ao estudo articulatório e acústico da fala.

Fossilização: Na aprendizagem de uma L2/LE, é o processo pelo qual certos erros se tornam permanentes na fala do aprendiz.

Hieróglifo (ou hieroglifo): É cada um dos sinais da escrita de antigas civilizações, como os egípcios e os maias.

Língua: Uma das definições mais aceitas hoje é a de Chomsky (1968), que propõe que a "língua é um conjunto (infinito) de sentenças, cada uma finita em extensão e construída a partir de um conjunto finito de elementos".

Linguagem humana: É o sistema de sinais altamente elaborado. A principal característica da linguagem humana é a dupla articulação. As línguas humanas têm um conjunto pequeno e limitado de sons distintivos ou fonemas, mas os arranjamos e rearranjamos para produzir um número infinito de unidades linguísticas (morfemas, palavras, sentenças). O deslocamento nos permite falar sobre as coisas que não estão "aqui" e "agora". A arbitrariedade se manifesta por meio das inúmeras possibilidades de nomear os mesmos objetos em línguas diferentes: *livro* (port.), *book* (ingl.), *kniga* (rus.) etc.

Logogramas: Também conhecidos como *ideogramas*, é um sistema de escrita que se manifesta por meio de símbolos gráficos ou desenhos, formando caracteres separados e representando objetos, ideias ou palavras completas, associados aos sons com que tais objetos ou ideias são nomeados no respectivo idioma.

Morfologia: "É a disciplina linguística que descreve e analisa os processos e regras de formação e de criação de palavras, a sua estrutura interna, a composição e a organização dos seus constituintes." (Morfologia, 2003-2014).

Ontogênese: É o processo evolutivo das modificações biológicas que ocorrem no indivíduo, desde o seu nascimento até seu desenvolvimento final.

Pragmática: Estuda como a comunicação de significados depende não somente do conhecimento das estruturas de uma língua pelo falante e pelo ouvinte, mas também do contexto, do conhecimento pelos interlocutores dos assuntos envolvidos, da intenção do falante inferida pelo ouvinte, entre outros fatores.

Semântica: É o estudo dos significados linguísticos, chamados de *convencionais* –, ou seja, independentes do contexto e/ou do falante – de palavras, sentenças ou outras formas linguísticas.

Sintaxe: É a área da linguística responsável pelo estudo das relações que se estabelecem entre os elementos de uma dada oração ou sentença.

Universais linguísticos: São os traços (as características) estruturais e semânticos compartilhados por todas as línguas.

{

referências

AITCHISON, J. O mamífero articulado. Lisboa: Instituto Piaget, 1998.

ALTMANN, G. Psycholinguistics: History. In: BROWN, K. (Ed.). The Encyclopedia of Language and Linguistics. Amsterdam: Elsevier, 2006. p. 257-265.

ANULA REBOLLO, A. El abecé de la psicolingüística. Madrid: Arco Libros, 2002.

APPEL, R.; MUYSKEN. P. Bilingüismo y contacto de lenguas. Barcelona: Ariel, 1998.

BALIEIRO JUNIOR, A. P. Psicolinguística. In: MUSSALIM, F.; BENTES, A. (Org.). Introdução à linguística: domínios e fronteiras. 3. ed. São Paulo: Cortez, 2003. p. 171-201. v. 2.

BELINCHÓN, M.; RIVIÈRE, A.; IGOA, J. M. Psicología del lenguaje: investigación y teoría. Madrid: Trotta, 1992.

BERGSLEITHNER, J. M. Mas afinal, o que é a noticing hypothesis? Interdisciplinar, Minas Gerais, ano 4, v. 9, ago./dez. 2009. Disponível em: <http://200.17.141.110/periodicos/interdisciplinar/revistas/ARQ_INTER_9/INTER9_Pg_101_106.pdf>. Acesso em: 23 jan. 2014.

BHATTACHARJEE, Y. Why Bilinguals Are Smarter. The New York Times, 25 mar. 2012. Disponível em: <http://www.nytimes.com/2012/03/18/opinion/sunday/the-benefits-of-bilingualism.html?_r=0>. Acesso em: 13 ago. 2014.

BIALYSTOK, E.; CRAIK, F.; FREEDMAN, M. Bilingualism as a Protection Against the Onset of Symptoms of Dementia. Neuropsychologia, New York, v. 45, p. 459-464, 2007.

CAGLIARI, L. C. Alfabetizando sem o bá, bé, bi, bó, bu. 2. ed. São Paulo: Scipione, 2009.

CALLEGARI, M. V. O. Reflexões sobre o modelo de aquisição de segundas línguas de Stephen Krashen: uma ponte entre a teoria e a prática em sala de aula. Trabalhos em Linguística Aplicada, Campinas, v. 45, n. 1, p. 87-101, jan./jun. 2006. Disponível em: <http://www.iel.unicamp.br/revista/index.php/tla/article/view/1962/1536>. Acesso em: 24 jan. 2014.

CARRIÓN, J. L. Manual de neuropsicología humana. Madrid: Siglo XXI de España, 1995.

CARROLL, D. W. Psychology of Language: Pacific Grove. California: Brooks, 1986.

CHOMSKY, N. Aspectos da teoria da sintaxe. Tradução de José Antonio Meireles e Eduardo Paiva Reposo. 2. ed. Coimbra: Armênio Amado, 1978.

CHOMSKY, N. Language and Mind. Cambridge, MA: MIT Press, 1968.

CORACINI, M. J. R. F. (Org.). O jogo discursivo na aula de leitura: língua materna e língua estrangeira. Campinas: Pontes, 2002.

COTTERALL, S.; REINDERS, H. Estratégias de estudo: guia para professores. São Paulo: SBS, 2007.

CRABBE, D. Fostering Autonomy from Within the Classroom: the Teacher's Responsibility. System, n. 21, v. 4., p. 443-452, 1996.

CUETOS, F. Neuropsicología del lenguaje. In: VEGA, M.; CUETOS, F. (Coord.). Psicolingüística del español. Valladolid: Trotta, 1999.

DIAS, L. S. Gramática y vocabulario: desde la teoría hacia la práctica en el aula de ELE. Curitiba: InterSaberes, 2013.

ELLIS, R. The Study of Second Language Acquisition. Oxford: Oxford University Press, 1994.

ELMAN, J. L. et al. Rethinking Innateness: a Connectionist Perspective on Development. Cambridge, MA: MIT Press, 1996.

FÁVERO, E. L.; ANDRADE, M. L. V. O.; AQUINO, Z. G. O. Oralidade e escrita: perspectivas para o ensino de língua materna. São Paulo: Cortez, 2005.

FERNÁNDEZ LAGUNILLA, M.; ANULA REBOLLO, A. Sintaxis y cognición: introducción al conocimiento, el procesamiento y los déficits sintácticos. Madrid: Síntesis, 1995.

FLORY, E. V.; SOUZA, M. T. C. C. de. Bilinguismos: diferentes definições, diversas implicações. Revista Intercâmbio, São Paulo, v. 19, p. 23-40, 2009. Disponível em: <http://www4.pucsp.br/pos/lael/intercambio/pdf/2_%20Elizabete_MThereza_1_revisto.pdf>. Acesso em: 24 jan. 2014.

FRY, D. Homo loquens: o homem como animal falante. Rio de Janeiro: Zahar, 1977.

GASSER, M. Connectionism and Universals of Second Language Acquisition. Studies in Second Language Acquisition, v. 12, p. 179-199, 1990. Disponível em: <http://ftp.cs.indiana.edu/pub/gasser/ssala.pdf>. Acesso em: 24 jan. 2014.

GELB, I. J. A Study of Writing. Chicago: The University of Chicago Press, 1962.

GODOY, E.; SENNA, L. A. G. Psicolinguística e letramento. Curitiba: Ibpex, 2011.

GOULD, S. J. Changes in Developmental Timing as a Mechanism of Macroevolution. In: BONNER, J. (Ed.). Evolution and Development. Berlin: Springer-Verlag, 1982.

GROSJEAN, F. Bilingual: Life and Reality. Cambridge, MA.: Harvard University Press, 2010a.

GROSJEAN, F. Emotions in More than One Language. Psychology Today. 18 ago. 2011. Disponível em: <http://www.psychologytoday.com/blog/life-bilingual/201108/emotions-in-more-one-language>. Acesso em: 24 jan. 2014.

GROSJEAN, F. Myths About Bilingualism. Psychology Today. 12 out. 2010b. Disponível em: <http://www.psychologytoday.com/blog/life-bilingual/201010/myths-about-bilingualism-0>. Acesso em: 24 jan. 2014.

GROSJEAN, F. Studying Bilinguals: Methodological and Conceptual Issues Mental Control of the Bilingual Lexico-Semantic System. Bilingualism: Language and Cognition, Cambridge, MA, v. 1, n. 2, p. 67-81, 1998. Disponível em: <http://www.cs.tufts.edu/comp/150CM/projects/Green1998.pdf>. Acesso em: 13 ago. 2014.

GROSJEAN, F. The Bilingual as a Competent But Specific Speaker-Hearer. Journal of Multilingual and Multicultural Development, v. 6, p. 467-477, 1985.

HOUAISS, A.; VILLAR, M. de S. Dicionário eletrônico Houaiss da língua portuguesa. Versão 3.0. Rio de Janeiro: Instituto Antônio Houaiss; Objetiva, 2009. 1 CD-ROM.

HUMPHREY, N. Uma história da mente. Rio de Janeiro: Campus, 1994.

ISRAËL, L. Cérebro direito, cérebro esquerdo. Lisboa: Instituto Piaget, 1995.

JAKUBOVICZ, R. Atraso de linguagem. Rio de Janeiro: Revinter, 2002.

JERÔNIMO, G. M. Aspectos cognitivos envolvidos no processamento da leitura: contribuição das neurociências e das ciências cognitivas. In: PEREIRA, V. W.; GUARESI, R. (Org.). Estudos sobre leitura: psicolinguística e interfaces. Porto Alegre: EdiPUCRS, 2012.

KATO, M. No mundo da escrita: uma perspectiva psicolinguística. 7. ed. São Paulo: Ática, 2003.

KECSKES, I.; HORN, L. R. Explorations in Pragmatics: Linguistic, Cognitive and Intercultural Aspects. New York: Mouton de Gruter, 2007.

KOCH, I. G. V.; ELIAS, V. M. Ler e escrever: estratégias de produção textual. 2. ed. São Paulo: Contexto, 2011.

KRASHEN, S. Principles and Practice in Second Language Acquisition. Oxford: Pergamon, 1982.

LENNEBERG, E. H. Biological Foundations of Language. New York: Wiley, 1967.

LEVELT, W. J. M. Speaking: from Intention to Articulation. Cambridge: MIT Press, 1986.

LIER-DEVITTO, M. F.; ARANTES, L. (Org.). Aquisição, patologias e clínica de linguagem. São Paulo: Ed. da PUC-SP, 2007.

LIGHTBOWN, P. M.; SPADA, N. How Languages are Learned. 3. ed. Oxford: Oxford University Press, 2006.

LOBATO, J.; SANTOS GARGALLO, I. (Org.). Vademécum para la formación de profesores. Madrid: SGEL, 2004. p. 261-286.

LONG, M. H. Native Speaker/Non-native Speaker Conversation and Negotiation of Comprehensible Input. Applied Linguistics, Oxford, v. 4, n. 2, p. 126-141, 1 maio 1982. Disponível em: <http://applij.oxfordjournals.org/content/4/2/126.abstract>. Acesso em: 24 jan. 2014.

LONG, M. H. The Role of the Linguistic Environment in Second Language Acquisition. In: RITCHIE, W.; BHATIA, T. (Ed.). Handbook of Second Language Acquisition. New York: Academic Press, 1996. p. 413-468.

LÓPEZ GARCÍA, A. Psicolingüística. Madrid: Síntesis, 1991.

MACWHINNEY, B. First Language Acquisition. In: ARONOFF, M.; REES-MILLER, J. (Org.). The Handbook of Linguistics. New York: Blackwell Publishing, 2007. p. 466-487.

MANDRIYK, D.; FARACO, C. A. Língua portuguesa: prática de redação para estudantes universitários. Petrópolis: Vozes, 1995.

MARCUSCHI, L. A. Da fala para a escrita: atividades de retextualização. São Paulo: Cortez, 2001.

MARTÍN-MARTÍN, J. M. La adquisición de la lengua materna (L1) y el aprendizaje de una segunda lengua (L2): procesos cognitivos y factores condicionantes. In: SÁNCHEZ LOBATO, J.; SANTOS GARGALLO, I. (Ed.). Vademécum para la formación de profesores. Madrid: SGEL, 2004. p. 261-286.

MERCER, S. Vocabulary Strategy Work for Advanced Learners of English. English Teaching Forum, v. 43, n. 2, p. 24-35, 2005. Disponível em: <http://americanenglish.state.gov/files/ae/resource_files/05-43-2-f.pdf>. Acesso em: 24 jan. 2014.

MOITA LOPES, L. P. Oficina de linguística aplicada: a natureza social e educacional dos processos de ensino-aprendizagem de línguas. Campinas: Mercado de Letras, 1996.

MORATO, E. A controvérsia inatismo x interacionismo no campo da linguística: a que será que se destina? ComCiência, 10 out. 2013. Disponível em: <http://www.comciencia.br/comciencia/?section=8&edicao=92&id=1138>. Acesso em: 11 jan. 2014.

MORATO, E. Neurolinguística. In: MUSSALIM, F.; BENTES, A. C. (Org.). Introdução à linguística 2: domínios e fronteiras. 3 ed. São Paulo: Cortez, 2003. p. 143-170.

MORFOLOGIA. In: Infopédia. Porto: Porto Editora, 2003-2014. Disponível em: <http://www.infopedia.pt/$morfologia;jsessionid=evUpUuwuITzIJIbYaAKyxw__>. Acesso em:24 jan. 2014.

MORRIS, D. O macaco nu: um estudo do animal humano. 13. ed. Rio de Janeiro: Record, 1996.

NOVECK, I. A.; SPERBER, D. Experimental Pragmatics. London: Palgrave Macmillan, 2004.

O'MALLEY, J.; CHAMOT, A. Learning Strategies in Second Language Acquisition. Cambridge: Cambridge University Press, 1990.

OXFORD, R. Language Learning Strategies: What Every Teacher Should Know. New York: Newbury House, 1990.

PEAL, E.; LAMBERT, W. The Relation of Bilingualism to Intelligence. Psychological Monographs, v. 76, n. 546, p. 1-23, 1962.

PEÑA-CASANOVA, J. Introducción a la patología terapeutica del lenguaje. Barcelona: Masson, 1994.

PEREIRA, V. W.; GUARESI, R. (Org.). Estudos sobre leitura: psicolinguística e interfaces. Porto Alegre: EdiPUCRS, 2012.

PIATELLI-PALMARINI, M. (Org.) Teorias da linguagem, teorias da aprendizagem: o debate entre Jean Piaget e Noam Chomsky. São Paulo: Cultrix, 1983.

PINKER, S. O instinto da linguagem: como a mente cria a linguagem. São Paulo: Martins, 2004.

POPPER, K. R.; ECCLES, J. C. O eu e seu cérebro. Campinas: Papirus, 1991.

ROJO, R. Letramento e capacidades de leitura para a cidadania. São Paulo, 2004. Disponível em: <http://www.academia.edu/1387699/

Letramento_e_capacidades_de_leitura_para_a_cidadania>. Acesso em: 23 jan. 2014.

ROSA, M. C. Introdução à (bio)linguística: linguagem e mente. São Paulo: Contexto, 2010.

SÁNCHEZ-CASAS, R. M. Una aproximación al estudio del léxico en el hablante bilingüe. In: VEGA de. M.; CUETOS, F. (Coord.). Psicolinguística del español. Madrid: Trotta, 1999.

SANTOS, J. G. Avaliação do desenvolvimento e da aprendizagem. Curitiba: Fael, 2010. Disponível em: <http://www.scribd.com/doc/105173723/AVALIACAO-DO-DESENVOLVIMENTO-E-DA-APRENDIZAGEM>. Acesso em: 24 jan. 2014.

SCHMIDT, R. W. The Role of Consciousness in Second Language Learning. Applied Linguistics, v. 11, n. 2, p. 129-158, 1 jul. 1988. Disponível em: <http://applij.oxfordjournals.org/content/11/2/129.short>. Acesso em: 24 jan. 2014.

SCLIAR-CABRAL, L. Semelhanças e diferenças entre a aquisição das primeiras línguas e a aprendizagem sistemática de segundas línguas. In: BOHN, H.; VANDRESEN, P. (Org.). Tópicos de linguística aplicada: o ensino de línguas estrangeiras. Florianópolis: UFSC, 1988.

SHANNON, C. E.; WEAVER. W. The Mathematical Theory of Communication. Urbana: University of Illinois Press, 1949.

SOARES, M. Letramento e alfabetização: as muitas facetas. Revista Brasileira de Educação, n. 25, jan.-abr. 2004. Disponível em: <http://www.scielo.br/pdf/rbedu/n25/n25a01.pdf>. Acesso em: 23 jan. 2014.

SOARES, M. Português: uma proposta para o letramento. São Paulo: Moderna, 1999.

STREY, C. Resumo: a relevância do objetivo de leitura. In: PEREIRA, V. W.; GUARESI, R. (Org.). Estudos sobre leitura: psicolinguística e interfaces. Porto Alegre: EdiPUCRS, 2012. Disponível em: <http://ebooks.pucrs.br/edipucrs/estudossobreleitura.pdf>. Acesso em: 23 jan. 2014.

TEIXEIRA, J. de F. Mente, cérebro e cognição. Petrópolis: Vozes, 2000.

THORNBURY, S. How to Teach Vocabulary. London: Longman, 2002.

TOMASELLO, M. Origins of Human Communication. Cambridge: Harvard University Press, 2010.

TOMASELLO, M. Origens culturais da aquisição do conhecimento humano. São Paulo: M. Fontes, 2003.

TOMASELLO, M. Origins of Human Communication. Cambridge: MIT Press, 2008.

TOMASELLO, M. The Cultural Origins of Human Cognition. Cambridge: Harvard University Press, 1999.

TRASK, R. L. Dicionário de linguagem e linguística. Tradução de Rodolfo Ilari. São Paulo: Contexto, 2004.

UNIVERSIDAD DE LA FRONTERA. Facultad de Medicina. Áreas del córtex relacionadas con el lenguaje. Disponível em: <http://www.med.ufro.cl/Recursos/neuroanatomia/archivos/fono_centros_archivos/Page324.htm>. Acesso em: 13 ago. 2014.

VEGA, M. de; CUETOS, F. (Coord.). Psicolingüística del español. Valladolid: Trotta, 1999.

VILAÇA, M. C. L. Pesquisas em estratégias de aprendizagem: um panorama. E-scrita, Nilópolis, v. 1, n. 1, jan./abr. 2010. Disponível em: <http://www.uniabeu.edu.br/publica/index.php/RE/article/view/4/pdf_2>. Acesso em: 3 nov. 2013.

VYGOTSKY, L. S. Pensamento e linguagem. Lisboa: Antídoto, 1979.

WILLIAMS, M.; BURDEN, R. L. Psicología para profesores de idiomas: enfoque del constructivismo social. Cambridge: Cambridge University Press, 1999.

ZALÉVSKAIA, A. A. Vvedénie v psiholinguístiku. (Introdução à psicolinguística). Moskvá: Rossiskii Gosudárstvennyi Gumanitárnyi Universitet, 2000.

ZIMMER, M.; FINGER, I.; SCHERER, L. Do bilinguismo ao multilinguismo: intersecções entre a psicolinguística e a neolinguística. **Revista Virtual de Estudos da Linguagem - ReVEL**, Belo Horizonte, v. 6, n. 11, 2008. Disponível em: <http://www.revel.inf.br/files/artigos/revel_11_do_bilinguismo_ao_multilinguismo.pdf>. Acesso em: 24 jan. 2014.

bibliografia comentada

AITCHISON, J. O mamífero articulado. Lisboa: Instituto Piaget, 1998.

Defensor declarado da postura linguística chomskiana, Jean Aitchison, nesse livro, que é uma introdução à psicolinguística, trata de três grandes tópicos: o problema da aquisição, a relação entre conhecimento da linguagem e uso da linguagem e produção e compreensão da fala. Para examinar essas três questões, o autor analisa quatro tipos de indícios: a) comunicação animal; b) linguagem infantil; c) a linguagem dos adultos normais; e d) a fala das pessoas com perturbações da fala. Sem tratar da relação entre a linguagem e o pensamento, Aitchison assume claramente uma posição que poderia ser resumida como "Deus nos deu a fala. A fala criou o pensamento".

BERGSLEITHNER, J. M. Mas afinal, o que é a noticing hypothesis? Interdisciplinar, ano 4, v. 9, p. 101-106, ago./dez 2009. Disponível em: <http://200.17.141.110/periodicos/interdisciplinar/revistas/ARQ_INTER_9/INTER9_Pg_101_106.pdf>. Acesso em: 23 jan. 2014.

Esse artigo é interessante para se ampliar o entendimento sobre uma das teorias atuais de aprendizagem de idiomas: a noticing hypothesis. Nele, discute-se a proposta de Schmidt (1990), que defende que aprendizes de uma segunda língua precisam notar e registrar cognitivamente os aspectos linguísticos de uma língua para o aprendizado acontecer.

BRANDÃO, A. C. P. O ensino da compreensão e a formação do leitor: explorando as estratégias de leitura. In: BARBOSA, M. L. F. de F.; SOUZA I. P. de (Org.). Práticas de leitura no ensino fundamental. Belo Horizonte: Autêntica, 2006. p. 59-75. Disponível em: <http://coordenacaoescolagestores.mec.gov.br/ufsc/file.php/1/coord_ped/sala_12/arquivos/Praticas_de_leitura_anexo-2.pdf>. Acesso em: 23 jan. 2014.

Outro aspecto interessante, ligado a um dos temas estudados, refere-se às estratégias que os leitores utilizam, ou poderiam utilizar, ao ler um texto. Esse artigo de Brandão aborda o tema de forma clara e com linguagem bastante acessível.

COTTERALL, S.; REINDERS, H. Estratégias de estudo: guia para professores. São Paulo: SBS, 2007.

Esse livro trata das estratégias que os alunos podem usar para tornar a aprendizagem e a prática de idiomas mais produtivas. São apresentadas diferentes formas de como os professores podem ajudar os alunos no desenvolvimento dessas estratégias. Além disso, esse guia traz exemplos de estratégias e ideias de implementação e prática na sala de aula.

JAKUBOVICZ, R. Atraso de linguagem. Rio de Janeiro: Revinter, 2002.

Atualmente, no Brasil e no exterior, são realizadas inúmeras pesquisas sobre a aquisição da linguagem e publicadas centenas de artigos acadêmicos. Existem laboratórios e grupos de pesquisa nos departamentos de linguística, psicologia e fonoaudiologia. Entre relativamente poucos livros publicados no Brasil sobre o assunto, vale a pena conhecer Atraso de linguagem, da fonoaudióloga Regina Jakubovicz. A autora descreve brevemente o desenvolvimento da linguagem pela criança em paralelo com outras habilidades, detém-se nos distúrbios linguísticos de várias ordens e, por fim, apresenta sua pesquisa empírica com crianças entre 2 e 7 anos. O fato de a autora não ser psicolinguista provoca certas confusões teóricas na descrição e avaliação dos dados linguísticos coletados. No entanto, um leitor familiarizado com a psicolinguística saberá aproveitar o rico conhecimento prático reunido nesse livro.

LIER-DEVITTO, M. F.; ARANTES, L. (Org.). Aquisição, patologias e clínica de linguagem. São Paulo: Ed. da PUC-SP, 2007.

Esse livro, organizado por Lier-DeVitto e Arantes, tem a vantagem de reunir textos de pesquisadoras da aquisição da linguagem – psicolinguistas, psicólogas, psicanalistas e fonoaudiólogas – com excelente formação em linguística teórica. Encontramos nessa obra alguns textos que discutem as teorias da aquisição com base em diferentes perspectivas; já outros são dedicados aos estudos empíricos bem fundamentados teoricamente. Esse é um livro que, além de abrir novos horizontes para o estudo dos problemas relacionados à aquisição, convida à reflexão.

PIATELLI-PALMARINI, M. (Org.). Teorias da linguagem, teorias da aprendizagem: o debate entre Jean Piaget e Noam Chomsky. São Paulo: Cultrix, 1983.

Foi em 1975 que, na França, na abadia de Royaumont, aconteceu um debate histórico entre Noam Chomsky e Jean Piaget. Desse debate participaram outros pensadores de renome dos campos da filosofia, da linguística, da inteligência artificial, da psicologia animal, da neurobiologia e da antropologia cognitiva. Os confrontos de ideias e de perspectivas epistemológicas que nos possibilitam ampliar os horizontes de conhecimento foram reunidos nesse livro, organizado por Massimo Piatelli-Palmarini.

REGO, L. L. B. Alfabetização e letramento: refletindo sobre as atuais controvérsias. 2008. Disponível em: <http://portal.mec.gov.br/seb/arquivos/pdf/Ensfund/alfbsem.pdf>. Acesso em: 23 jan. 2014.

Nesse artigo, Lúcia Lins Browne Rego apresenta um panorama das concepções teóricas de alfabetização adotadas a partir dos anos 1980 e propõe uma reflexão sobre a possibilidade de se conciliar alfabetização e letramento no ensino.

TEIXEIRA, J. de F. Mente, cérebro e cognição. Petrópolis: Vozes, 2000.

Nessa obra o filósofo João de Fernandes Teixeira, um dos primeiros estudiosos brasileiros da filosofia da mente, faz uma profunda reflexão sobre várias teorias da mente, o problema das relações entre mente e cérebro e as diversas "confusões" em que se envolveram psicólogos.

TOMASELLO, M. Origens culturais da aquisição do conhecimento humano. São Paulo: M. Fontes, 2003.

Nesse livro, Michael Tomasello discute, entre outros problemas, a hipótese do surgimento e desenvolvimento da linguagem humana. Para esse cientista, os seres humanos vivem em um mundo de instituições culturais, como religião, governo, família, educação e linguagem. No entanto, considerando que a cultura surgiu recentemente, em termos da evolução da nossa espécie, Tomasello propõe que as instituições culturais, inclusive a linguagem, só surgiram porque os humanos dispõem de uma capacidade sociocognitiva específica, mas biologicamente herdada dos nossos ancestrais.

ZIMMER, M.; FINGER, I.; SCHERER, L. Do bilinguismo ao multilinguismo: intersecções entre a psicolinguística e a neolinguística.

Revista Virtual de Estudos da Linguagem-ReVEL, v. 6, n. 11, ago. 2008. Disponível em: <http://www.revel.inf.br/files/artigos/revel_11_do_bilinguismo_ao_multilinguismo.pdf>. Acesso em: 23 jan. 2014.

Nesse artigo, as autoras partem de uma noção de bilinguismo e de multilinguismo como a habilidade de usar diferentes línguas em contextos distintos e para diferentes propósitos. Compreendem o sujeito bilíngue e o multilíngue tendo como base uma visão dinâmica de cognição. O artigo oferece um panorama das principais vertentes de estudos sobre bilinguismo e multilinguismo e está organizado a partir de três grandes objetivos: definir e problematizar as noções de bilinguismo e multilinguismo; discutir os principais enfoques e achados que têm norteado as pesquisas psicolinguísticas e neolinguísticas sobre bilinguismo e multilinguismo; e apresentar as pesquisas que têm sido desenvolvidas no Brasil a partir desses enfoques.

{

respostas

um
Atividades de autoavaliação
1. a
2. c
3. b
4. b
5. d

Atividades de aprendizagem
Questões para reflexão
1. Resposta pessoal.
2. Na cavidade bucal humana encontramos vários órgãos que participam ativamente da articulação dos sons. Assim, por exemplo, os movimentos da língua projetada para a frente ou recuada permitem, junto com o movimento da mandíbula inferior, articular diferentes sons vocálicos. A língua participa também na articulação de sons consonantais diferenciados, dependendo da parte da língua que entra em ação e dos outros órgãos com os quais a língua entra em contato, como dentes, alvéolos, palato duro, palato mole e úvula.

dois
Atividades de autoavaliação
1. b
2. c
3. a
4. d
5. a

Atividades de aprendizagem
Questão para reflexão
1. Ao postular que a linguagem se constituiria a partir da forma interacional e sociocognitiva com que nossas capacidades mentais são construídas – e não da ativação de um dispositivo mental isolado e apriorístico –, a perspectiva sociocognitiva de base interacionista (Tomasello, 1999, 2003) tem se apresentado como uma alternativa que busca conciliar fatores biológicos e culturais na constituição da linguagem e da cognição.

três
Atividades de autoavaliação
1. a
2. c
3. d
4. a
5. d

Atividades de aprendizagem
Questão para reflexão
1. Resposta pessoal.

quatro
Atividades de autoavaliação
1. b
2. b
3. a
4. d
5. b

Atividades de aprendizagem
Questão para reflexão
1. Parte do modelo ascendente (*bottom-up*), pois esse modelo concebe a leitura basicamente como uma questão de decodificação dos símbolos escritos (letras, sílabas, palavras) em seus equivalentes orais.

cinco
Atividades de autoavaliação
1. b
2. d
3. c
4. d
5. a

Atividades de aprendizagem
Questão para reflexão
1. Resposta pessoal.

seis
Atividades de autoavaliação
1. d
2. d
3. a
4. c
5. b.

Atividades de aprendizagem
Questão para reflexão
1. Resposta pessoal.

sobre as autoras

❰ ELENA GODOY é graduada em Línguas Estrangeiras pela Universidade Pedagógica Estatal de São Petersburgo (Rússia), tem mestrado em Letras pela Universidade Federal do Paraná (UFPR), doutorado e pós-doutorado em Estudos da Linguagem pela Universidade Estadual de Campinas (Unicamp). É professora da UFPR, atuando na graduação em Letras e na pós-graduação em Letras/Estudos Linguísticos. É líder do grupo de pesquisa "Linguagem e Cultura" (UFPR/CNPq). Tem mais de cem artigos publicados em periódicos científicos, vários livros e capítulos de livros.

❰ LUZIA SCHALKOSKI é graduada em Letras Português--Espanhol pela Universidade Federal do Paraná (UFPR) e tem mestrado e doutorado em Letras – Estudos Linguísticos pela mesma instituição. Atuou como docente no Centro Universitário Internacional Uninter e na Pontifícia Universidade Católica do Paraná (PUCPR). É coautora do livro *Estudos linguísticos: dos problemas estruturais aos novos campos de pesquisa*, publicado pela Editora Ibpex em 2008, e autora do livro *Gramática y vocabulario: desde la teoría hacia la práctica en el aula de ELE*, publicado pela Editora InterSaberes em 2013.

Impressão:
Setembro/2014